COPY OF THE
ORIGINAL INDEX BOOK

Showing the

REVOLUTIONARY CLAIMS FILED IN SOUTH CAROLINA

BETWEEN AUGUST 20, 1783 AND AUGUST 31, 1786

Kept by

JAMES McCALL, Auditor General

Copied by

JANIE REVILL

CLEARFIELD

Originally published
Columbia, 1941

Reprinted With Permission
Genealogical Publishing Co., Inc.
Baltimore, Maryland
1969

Reprinted for
Clearfield Company, Inc. by
Genealogical Publishing Co., Inc.
Baltimore, Maryland
1990, 2003

Library of Congress Catalogue Card Number 68-56356
International Standard Book Number: 0-8063-0294-1

Made in the United States of America

FOREWORD

This is a copy of the original index book showing the Revolutionary claims filed in South Carolina between August 20, 1783 and August 31, 1786, as kept by the Auditor General, James McCall.

When a claim was audited and an account made out, called the "account audited," it was passed upon by the Auditor General. Then the audited account, together with the claim as filed, and all other papers pertaining thereto, such as supporting affidavits, passed to a legislative committee for final approval. A number of such accounts audited were handed to the legislative committee on August 20, 1783, and referred to as "RETURN No. 1." On October 29, 1783, another package of audited accounts passed to the legislative council, called "RETURN No. 2" and so on until 118 "RETURNS" had been made, the last being in August 31, 1786. This is made clear by reference to the "STATE OF RETURNS" at the end of the index. The figures following the names are the return numbers, and serve as an index to the date that the claim and audited account was handed to the legislative council.

If the council wished to defer a claim, for further information, or other reasons, it was then returned to the Auditor General, or refiled by the applicant, and later handed back to the committee with another "RETURN" which gave the claim a new return number. Only a very few claims were rejected or deferred, but it sometimes requires study to determine whether a name followed by several return numbers has reference to one person or several persons of the same name, since a name was entered in the index book only one time, although there might have been several persons to whom it referred. There were no RETURNS bearing the numbers 4, 6, 7, 70, 71, 72, 122 and 124. I have not found an explanation for these omissions.

After approval by the legislative committee an "INDENT" was made out for payment of the claim, with notations on the indent stub showing the amount, to whom payable, and for what service the claim was filed. These are referred to as the "stub entries." When an Indent was paid, it was then placed back in the file with the other papers, and kept in the archives. Sometimes these Indents were paid by installments; and frequently they were assigned to others, being negotiable.

Some of the papers are missing from the archives. Compare the index with the stub entries to determine whether a claim was approved and paid; or whether more than one person of the same name filed claims. Much may be learned by such a comparison and study.

Persons using this book should not overlook the interesting information following the general index.

Janie Revill
JANIE REVILL

Columbia, S. C.
July 2, 1941.

Entry Book Pages.	Names.		Nos. Returns.
	Adams	David & Co.	1.
		Joel	3. 56
		Robert	10. 76. 93.
		Godfrey	10.
		Samuel	11. 15. 47
		William	11. 19. 50. 62. 82. 96
32		James	14. 22. 50. 56.
		Thomas	19. 50. 73.
		John	22. 51. 62.
		David	38. 96.
		Sarah	50
		Drury	50
		Littleberry	50
		Richard	1. 62.
		Andrew	65. 84.
		Bryan	73.
		George	92.
		Howell	112.
101	Adamson	John	87. 93.
	Addis	Richard	27. 30. 104
	Addison	Thomas	1. 62.
		William	8. 14.
		Christian or Christopher	14.
32		John	38. 77
		Joseph	50.
	Addington	James	112
	Austin	George	1. 3. 38. 125.
		Nathan	41. 109.
		Thompson	46.
		Francis	46. 47.
		John	46.

Entry Book Pages.	Names.		Nos. Returns.
		Elizabeth	61. 62.
		James	77.
		Nathaniel	47. 74.
		Jesse	114.
	Anderson	Henry	3. 8. 110
		James	3. 19. 44. 50. 62. 117.
84. 154.		Robert	3. 19. 50. 51.
32		(John	3. 11, 14, 34. 44.
		(	46. 50. 55. 62.
		(	114
		Samuel	11. 50.
		David	44. 46. 75. 114.
		Timothy	22. 40.
		Kellis	46.
		Stephen	46.
		Levi	46.
		William	46. 51. 56.
		Jacob	46.
		Gabriel	47.
		Thomas	51. 61.
		George	75. 96.
		Philip	75. 90. 112.
		Denny	75.
		Mary	75.
		Hugh	89.
		Richard	90.
		Ann	96.
		Joseph	96.
		Bailey	104.
		Aaron	110.
		Scarlet	114.
		Joshua	114.
89		Abraham	—
89		Abel	—

Entry Book Pages.	Names.		Nos. Returns.
	Akin	James	8.
		Joseph	9.
		Alexander	10.
		William	22.
		George	41. 46.
		Carter	61.
		Ezekiel	80. 112.
		Peter	102. 103.
		John	112.
	Atkins	Samuel	10. 45. 100.
		Richard	10.
		Elisha	11. 62. 73.
		Shadrack	24.
		Joseph	46.
		Francis	75.
	Adkins	Bartlett	24.
		Benjamin	75.
		Tim	75.
	Atkinson	Joseph	2. 9.
		Robert	3.
		James	3.
		Frederick	3. 9.
		Marmaduke	9.
		Adwell	9. 84.
		Timothy	50. 61.
	Atkerson	Isaac	62.
	Allen	James	10. 50. 84.
		John	11. 14. 44. 50
		William	18. 24.
		Robert	19. 50.
		Jeremiah	23.
		Benjamin	24.
		Joel	46.

Entry Book Pages.	Names.		Nos. Returns.
		Charles	46.
		Josiah	50.
		Salathiel	44.
	Allison	Dorothea	2.
		Rachel	3.
		Robert	10. 24.
		Alexander	11.
		Andrew	14.
		George	38.
		James H.	44.
		William	46.
		James	46.
		Richard	51.
		Joseph	96.
	Allcorn	James	10. 11.
		George	73.
		Robert	76. 93.
		Catherine	111. 116.
	Alexander	John	11. 74. 75. 114.
		Joseph	11. 114.
		James	18. 19. 114.
		Aaron	19.
		George	19.
		Alexander	50.
		Mary	75.
		Rene	84.
		Matthew	114.
119	....	William	—
		Asaph	19.
	Allergottie	Anthony	16.
	Alldridge	Isaac	5.
	Altman	Sarah	14. 15
	Albritton	John	104.

Entry Book Pages.	Names.		Nos. Returns.
	Ash	William	10. 11.
		John	11.
		Robert	11.
		Samuel	62.
	Ashby	Anthony	14.
	Ashford	George	75. 96.
		Michael	112.
	Asley	William	45.
		John	80.
	Asberry	James	50.
	Ashworth	Benjamin	18.
	Adair	James	3. 40. 46. 47. 85.
		William	10. 22.
		John	11. 46.
		Elizabeth	18.
		Isaac	46.
		Alexander	46.
		Benjamin	46.
		Sarah	46.
		Joseph & Isabel	47.
	Allston	William	3. 22. 24. 44. 96. 125.
		John	3. 40. 125.
		Francis & Josias	3. 40.
		Joseph	3. 125.
		Josiah	9. 125.
		Peter	24.
		Francis	40. 44. 125.

Entry Book Pages.	Names.		Nos. Returns.
	Abbett or Abbott	John	8.
		William	9.
		Solomon	80. 114.
		Matthew	108.
7	Arthur	James	11.
		William	22.
		Charles	27
		Ambrose	119.
	Armstrong	Arthur	10.
		James	10. 11. 14. 15. 44.
		John	11. 14. 44. 49.
		Lodwick	11.
		William	14.
		Edward	75. 112.
		Martin	90. 114.
6	Abraham	William	5. 123.
		Emanuel	—
		James	47.
	Armor	James	10.
		John	11.
		Andrew	11.
	Arman	Jacob	76.
	Andrews	John	23. 88.
		William	24.
		David	40.
		Owen	40.
		Daniel	56.
		Drury	110.
109		Samuel	—
	Andres	Israel	38.
		John	44.
		Drury	87.

Entry Book Pages.	Names.		Nos. Returns.
	Arnold	William	23.
		Joshua	46.
		Reddock	50.
		Benjamin	61.
	Abney	Nathaniel	27. 51. 74. 107.
		Michael	46. 50.
		John	50.
		Samuel	50.
		George	50.
		Paul	51.
		William	51.
	Abner	Abraham	27.
	Abtin	Jacob	75.
		Andrew	102.
	Aberley	Ann	116.
32	Arrington	John	—
	Ayers	John	2.
		Daniel	22.
		Frances	24.
	Anthony	Peter	2.
		John	62.
	Atwell	Ichabod	2.
	Atwood	William	19.
	Audley	Erasmus	2.
	Audey	Christopher	27.
	Audebert	John	56. 62.

Entry Book Pages.	Names.		Nos. Returns.
64. 76. 85. 98	Auditor's Office		—
	Aubrey	George	74. 102. 112.
		Phillip	75. 112.
		Jesse	107. 112.
		Chandler	112.
		Samuel	112.
	Averett	Elijah	80.
	Avant	Joshua	34. 93.
	Ann	Lowry Thomas	40
	Andoley	George	40
	Angle	John	90. 102.
	Axson	Richard	3.
		William	120.
	Aaron	Jacob	5.
	Artiss	John	8.
	Amnait	Charles	8.
	Abernethey	John	11. 47. 55.
		James	46.
	Archer	Robert	11.
		Alexander	15.
	Agnew	George	15.
		Samuel	18.
	Arnett	Samuel	15.
		John	38. 117.

Entry Book Pages.	Names.		Nos. Returns.
		Jane	56.
		James	86.
	Askew	Thomas	16.
		John	24.
	Asaph	Alexander	19.
	Annas	Elizabeth	20.
	Arterberry	Edward	22.
	Atterbury	Michael	40. 41.
	Atchison	John	22.
	Acker	Peter	22. 44.
		William	89.
	Ackerman	Stephen	38.
	Ammonds	Thomas	23
		Joshua	24. 96.
		John	88.
	Ancrum	William	24. 61. 92.
		William & George	61.
	Aguerre	Joseph	35.
	Anguish	John	38.
	Arney	Jacob	44.
	Argo	Anthony	50.
	Ardist	Jacob	50.
		Isaac	50.

14

Entry Book Pages.	Names.		Nos. Returns.
	Akeridge	Abel	56.
	Arick or Irick	John	57.
	Arwin	Thomas	61.
	Antse	George	61.
	Arnst	Maria	62.
	Ammen	Thomas	62.
103. 139. 183.	Artillery Battalion		62.
	Arondale	Reddick	80. 114.
	Atmar	Ralph	93.
	Amick	Conrad	119.
	Amacker See Macker	Margaret	119.
	Blake	Daniel	1.
		William	1. 2.
29		Edward	39. 61.
58		Edward & John	22. 40
		John	24.
		Benjamin	50.
		Richard & Sawyer	73. 93. 96.
	Baxter	John	1. 3. 40.
		Israel	2. 24.
		James & John	3.
		Rob. Jas. & John	3.

Entry Book Pages.	Names.		Nos. Returns.
		James	3. 89.
		Theophilus	24.
		Robert	34. 35.
	Bourguin	Lewis John	1. 16. 116.
		Baptist John	2.
		Jane	27.
	Broughton	Alexander	2. 5. 56.
		Edward	2.
		Mary	2.
		Andrew	2.
57		Thomas	5. 44. 111.
		Richard	9.
		John	50.
	Bairfield	Joshua	2.
		Stephen	3.
	Blackman	William	83.
	Blackmond	Thomas	2. 3.
	Blackmore	George	5.
	Blackstock	John	19.
		William	101. 112.
106		James	—
	Blackburn	Elias	50.
	Black	Annanias	5.
		Gavin	10.
		George	11.
		Thomas	11.
		John	11. 47. 93. 123.
		Alexander	11.
		Joseph	11. 19.
		William	11. 18. 46.

Entry Book Pages.	Names.		Nos. Returns.
		Jacob	11. 73. 93
		James	17. 18. 34.
		Robert	19.
		Peter	74. 75. 83.
		Michael	93.
		Adam	110
	Blackwell	Thomas	3.
		Sarah	3.
		Josiah	3.
		Abraham	23.
		Charles	51. 76.
		Daniel	82.
	Brown	Bartlett	1. 2. 8. 56. 61. 62. 100.
188		Richard	2. 93.
		Samuel	3. 11. 24. 40. 93.
		Mary	3.
110		James	3. 11. 14. 15. 19. 55. 62. 80. 108. 114.
		Moses	3.
		Jonathan	3.
		John	3. 11. 15. 19. 23. 24. 40. 46. 56. 62. 75. 83. 93. 100.
		Casper	8. 21. 61. 62. 101. 119.
		William	10. 11. 19. 46. 50. 56. 61. 62. 78.
63			86. 92 116.
		Robert	10. 11. 18. 19. 102.
		David	10. 61. 75.
		Matthew	11. 47.
		Archibald	11. 47.
		Henry	11.

Entry Book Pages.	Names.		Nos. Returns.
		Alexander	11. 61.
		Elijah	11. 82.
		Thomas	11. 62. 110.
		Stewart	15.
		Cornelius	18.
		Andrew	19. 50. 93.
		Robinson	22.
		Loami	22.
		Morgan	23. 24.
		Clement	23. 61.
		Hugh	23. 44.
		Duncan	24.
		Sarah	24.
		Alpheus	24. 96.
		Jeremiah	24. 38.
		Benjamin	24. 61.
		Burrell	27.
		Howell	27.
		Edward	35. 44.
		Roger	39. 46.
		Charles	40. 55. 117.
		Joseph	56. 102.
		Tarlton	61.
		Isaac	62. 75. 80. 93.
		Dennis	73.
		Jacob	74. 112.
		Gabriel	74. 102.
		Grizzle	75.
		Jesse	75. 80. 114.
		Sims	110.
73		Mathias	—
	Brownlee	George	18.
	Brownguard	Casper	3. 8.
	Boone	Capers	1. 40.
		John	3.

Entry Book Pages.	Names.		Nos. Returns.
		Thomas	3. 40. 51.
		Frederick	50.
187		William	50.
	Bonner	Hugh	11. 85.
		James	19.
		Thomas	114.
	Badly	Lucy	75.
	Baddeley	John	76. 117.
	Bradley	John	1.
		Arthur	3. 96.
		James	9. 19. 96.
		Elizabeth	27.
		Margaret	27.
		Samuel	62.
		Roger	88.
	Breed	Precilla	75.
		Joseph	112.
	Bright	Albertus	75.
		Tobias	90. 114.
		Hopkins	114.
	Bracher	William	75. 114.
	Britton	Mary	3.
		Philip	3.
		Daniel	3.
		Henry	50.
	Breton	William	15.
	Bratton	William	10. 11.
		Hugh	10.

Entry Book Pages.	Names.		Nos. Returns.
		Thomas	10.
		Robert	11.
	Brand & Leuthauser		38.
	Brandon	Thomas	2. 27. 111.
		John	22. 104. 112.
		Richard	45. 75. 104. 107.
		William	74. 103. 111. 112.
		Christopher	104.
		Charles	112.
		Edward	114.
	Brandbury	Martin	20.
	Branford	William	55.
	Brunson	David	1. 22.
		Charles	8.
		Isaac	8.
		James	8. 9.
		George	8.
		Matthew	9.
		Moses	9.
		Josiah	9. 120.
		William	22. 40. 76.
		Daniel	27.
	Bryan	William	17. 56. 62.
		Thomas	23.
		Patrick	47.
		Ann	55.
		Simon	62.
		Philip	75.
		Dunkin	75.
32		John	114.

Entry Book Pages.	Names.		Nos. Returns.
	Bryant	Sarah	24.
		Hardy	24. 96.
		Francis	24.
		William	50. 62. 89.
		Robert	50.
		Richard	27. 74.
		Gray	96.
		Anglis	123.
	Bruce	Caleb	24.
		David	55. 89.
		William	90.
		James	114.
		Charles	114.
		Mrs.	119.
	Brice	James	61.
		Daniel	90.
		Samuel	114.
	Brison	James	47.
	Bice	William	75.
	Buise	Abraham	80.
		William	80. 114.
		John	114.
	Boyce	Thomas	47.
	Boyse	Arthur	75.
	Bowen	John	3.
		Thomas &	62.
94		Markland	—
	Boyd	Hardy	3. 15.
		William	8. 10. 11. 14. 19. 22. 83. 93.

Entry Book Pages.	Names.		Nos. Returns.
		David	11. 50.
		Robert	11. 19.
		John	11. 44. 85. 96. 104. 110.
		James	11. 55.
		Thomas	20.
		Martha	44.
		Hugh	47.
		Samuel	55.
		Evan	56.
		Andrew	62.
	Boyes	David	18.
		Arthur	18.
		John	19. 47.
		Alexander	19.
		Charles	19.
	Boyls	William	15.
		John	77.
	Boles	John	19.
	Boull	William	15.
	Bouler	James	75.
	Bowler	William	93. 96.
		Thomas	96.
		John	96.
		George	110.
	Bower	Hugh	This Bonner inst'd of Bower.
		Philip	89. 92.
		Jacob	90.
		George	110.

Entry Book Pages.	Names.		Nos. Returns.
	Bowers	Silvan	15.
		John	46. 112.
		David	51.
		Benjamin	50. 82.
		Andrew	75.
	Bowie	John	8. 19. 85.
	Bowman	Thomas	17.
		John	19. 22. 75.
		Joseph	44.
		Matthew	73.
	Bourman	Sarah	46.
	Bauckman	Ulrick	44.
	Bawdy	John	50.
	Bosman	Peter	92.
	Boseman	Philip	47.
	Bozeman	Mordecai	24.
		Peter	23.
		John	23.
	Bookman	Jacob	75.
	Bookart	Adam	20.
	Bookter	Jacob	75. 110.
	Brooker	Joseph	17. 76.
	Brooks	John	20. 112.
		Bartlett	46.
		William	46.

Entry Book Pages.	Names.		Nos. Returns.
		Smith	46.
		Dudley	46. 75.
		Sarah	47.
		Elisha	47.
		Jesse	47.
		James	50.
		Micajah	50.
		Charles	84.
		George	90.
		Peter	114.
	Buxon	Jacob	1.
	Buxton	Jacob	27. 55. 83.
		Benjamin	56.
		Samuel	76.
		John	111.
	Broxton	John	27.
	Benton	John	8.
		Lazarus	19.
255		Lamuel	22.
		Samuel	96.
	Benson	Andrew	15.
		William	50. 74. 109.
		Benjamin	56.
		James	24. 75. 107. 112.
	Benneson	George	19.
177		William	5. 19.
	Benthen	Samuel	23.
	Boynton	Aaron	76.
	Barreneau	Arthur	3. 55.
		Isaac	3.

Entry Book Pages.	Names.		Nos. Returns.
	Barlain	Babister	46.
	Bar	Christopher	8. 17.
		Isaac	27.
		Nathan	27.
		James	40.
		Jacob	56.
		Joseph	87. 93.
		Thomas	93.
	Barron	Thomas	10.
		John	10. 15.
147		James	10.
		Alexander	11.
		Abraham	11.
		Archibald	11.
		Rebecca	20.
		William	23.
	Barren	Thomas	112.
	Barker	Benjamin	55.
		Jacob	55.
	Bartley	Robert	96.
163.	Bartlett	Jonathan	111.
247		Nicholas	—
	Barkley	William	44.
		John	56.
		Samuel	61.
		Robert	62.
	Berkley	Samuel	11.
		John	56.
	Barlow	John	75

Entry Book Pages.	Names.		Nos. Returns.
	Barclay	John	101.
	Barksdale	Richard	19.
		Hickison	19.
		Nathaniel	47.
		William	47.
	Barsh	George	20. 56. 119.
	Barber	John	10. 15.
		Charles	9. 56.
		Mary	20.
		Jesse	40.
32		David	—
	Barnes	Charles	3.
		William	34. 78. 112.
	Barnson	Matthew	3.
	Barnhill	David	10.
		Robert	10.
		John	15.
	Barnwell	Edward	83.
42		John	96.
42		Nathaniel	—
	Baird	Archibald	3. 82. 125.
	& Beard	Jonas	5. 27.
		John	11. 19. 22. 34.
		David	19. 55. 77.
		James	19. 46.
		William	19. 27. 47. 56. 86.
		Mary	19.
		Simon	27.
		Adam	27.
		Ulrick	44. 73. 119.

Entry Book Pages.	Names.		Nos. Returns.
		Nathan	50. 112.
100		Robert	61. 62. 101.
	Baker	Stephen	3.
32.		William	3. 23. 24.
		Joseph	5.
		Thomas	14. 19. 23.
		John	19. 62. 93. 96.
		Bartholomew	22.
		Caleb	40.
		Nicholas	50. 93.
		Benjamin	62. 93.
		Alexander	76.
		Andrew	93.
	Barton	William	3. 90. 114.
162.		John	3.
		Robert	15.
		Thomas	76. 114.
		Benjamin	114.
	Burton	Robert	51.
		Joseph	51.
100		Allen	—
	Brewton	Jesse	3.
		George	56. 114.
	Brenton	David	34. 62. 82.
		James	34. 35. 62.
		John	82.
	Brisbane	Adam Fowler	1. 76.
	Brickel	Mathias	115.
	Bricken	James	8.
	Briley	William	11.

Entry Book Pages.	Names.		Nos. Returns.
	Briggs	Frederick	15.
		John	46.
		William	46. 75.
		John & William	47.
	Bridge	William	34.
	Bridges	James	15. 34. 75. 102.
		Thomas	15. 45.
		John	24.
		Mary	24.
32.		Edward	—
	Bride	Thomas	19.
48	Bunting	John	—
	Butler	Pierce	2. 14.
		Thomas	3. 50. 56. 125.
		Henry	47.
		William	50.
		James	50.
		John	74. 114.
		Charles	119.
	Buchannan	John	2. 3. 5. 19. 44. 75. 110.
		James	5. 19. 110.
		William	19. 75.
		Thomas	56.
		George	110.
102		Robert	—
55	Boucheneau	Charles	—
	Buchalow	William	50.

Entry Book Pages.	Names.		Nos. Returns.
	Buckholts	Jacob	3. 22.
		Peter	44.
	Buckard or Buckhart	Adam	119.
	Bucker	Colter John	15.
	Buckhalter	Christian	50.
		David	50.
		William	50.
	Buckner	Bernard	76.
	Buckstaner	Daniel	50.
	Buckle	Thomas	61.
	Bush	John	20. 50. 56. 90.
		Abraham	20. 62.
		Stephen	46.
		Isaac	55. 56.
		Daniel	75. 90.
		Richard	111.
	Buch	Joseph	3.
	Buche	David	82.
		L. John	82.
		B. & John	88.
	Bouch	Leonard	20.
	Bushby	Jeremiah	27.
	Busby	Miles	40.
		John	56.

Entry Book Pages.	Names.		Nos. Returns.
	Bussy	Thomas	50.
		Zaddock	50.
		Sherrard	110.
		Needham	110.
		Benjamin	114.
	Bussard or Bussart	Jacob	119.
	Bouzzard	Elizabeth	75.
	Bee	Joseph	2. 100.
		Thomas	62.
	Beesley	Josiah	24.
		William	24.
		Daniel	24.
	Beasley	George	27.
		Henry	46.
	Beaty	John	2.
		James	114.
	Beatley	John	123.
	Bettie	James	14. 62.
	Betty	Robert	47.
	Bettis	Francis	44.
		Richard	44.
	Better	Charles	119.
	Blamyer	William	2.
	Blakeley	James	3.
		John	46.

Entry Book Pages.	Names.		Nos. Returns.
	Blakeney	Thomas	24. 40.
		Robert	24.
		John	24. 77.
	Blackney	John	44. 45.
	Blackley	Bland	93.
102	Billing	Jasper	—
	Bullen	John	3.
	Bullian	Thomas	109. 114.
29	Bull	John	17.
		Henry	27.
		Stephen	93.
	Bullock	John	50.
		Daniel	51.
		Zachariah	74. 75. 108. 116.
2	Boden	Elizabeth	—
	Bond	Jane	8.
		William	8. 110.
		Ursly	15.
		Robert	18.
		Charles	56.
		Noah	110.
256		John	114.
		P. George	117.
	Bonds	Dudley	40.
		Elisha	46.
		William	106.
	Berry	William	8. 24. 96.
		John	10. 50. 75. 108.

31

Entry Book Pages.	Names.		Nos. Returns.
		Richard	10. 119.
		Samuel	11.
		Hugh	11.
		Thomas	50. 51. 121.
		Andrew	108.
66		Hubert	—
	Barry	Roger	10
		William	11. 85.
		Richard	108
	Bury	Thomas	27.
105. 129. 153. 172		John	55. 77
	Burt	William	8. 117.
	Birthwhisle	Richard	75.
63	Burdell	Robert	44.
		James	61.
		John	62.
	Burdet	William	19.
	Burdit	Frederick	46.
	Buzzard	Henry	20.
	Burke	David	50.
		Thomas	50.
		Edanus	77. 96.
		Elizabeth	111.
15		Absalom	—
32		Michael	—
152	Burks	David	—
	Burkett	John	20. 23. 93.
		Ephraim	93.
		Lamuel	96.

Entry Book Pages.	Names.		Nos. Returns.
	Burquette	Ephraim	24.
	Bocquet	Peter	5.
	Burkmyer	Charles	5o.
	Burgstiner,	Daniel	56.
	Burgeron	Elisha	56.
	Bouchillon	Joseph	18.
	Bourdeshaw	Peter	19.
	Bourdeaux	Elias	5.
		Daniel	14. 61.
	Bounetheau	Peter	82.
	Bradford	Samuel	3.
		Nathaniel	8.
		John	8. 9. 14.
		Robert	11.
		Thomas	44.
		Richard	56.
	Brailsford	Joseph	40.
32	Bradshaw	William	—
	Bedshaw	Thomas	3.
	Bready	William	19.
	Bradden	James	18.
	Brawford	John	19.
	Bronner	Adam	22.

Entry Book Pages.	Names.		Nos. Returns.
x	Brockington	Richard	24.
60		John	—
83	Brett	Thomas	—
	Bredin	James	34.
	Breadin	Thomas	114.
		John	114.
		Edward	114.
	Beardin	Edmund	75. 93.
		John	104.
		Absalom	112.
	Brewar	William	3. 14. 15. 44. 50. 77.
		James	50.
		Erasmus	112.
	Bremar	Francis	99.
	Brezina	Francis	119.
	Brazzell	Jacob	3. 44.
	Brezeale	Wood	19.
161		Willis	19.
		Hannah	14. 44.
		James	44.
92	Bazle	Francis	9. 27. 86.
x	Brock	James	18.
		Patrick	62.
		Isaac	114.
	Brocket	William	10.

Entry Book Pages.	Names.		Nos. Returns.
	Bishop	John	10.
		William	11.
		James	11.
		Nicholas	11.
		Samuel	46.
		Bowling	46.
		Robert	61.
		Edmund	109. 114.
		Thomas	112.
		George	76.
	Bushop	Henry	44.
		George	44.
		Edmund	74.
		Abraham	111.
		John	111.
	Bigem	John	88.
	Bigger	Joseph	10.
		Matthew	11.
		John	11.
		James	11.
	Bigham	Hugh	10.
		Samuel	11.
		James	11. 93.
100	Bingham	Thomas	24.
20	Bingley	William	—
	Birmingham	James	19.
	Blassingham	William	23.
		James	24.
	Blessingham	James	75.
		Thomas	75. 104. 112.
		John	104.

Entry Book Pages.	Names.		Nos. Returns.
	Best	Absalom	5. 61.
		Benedict	96.
	Bessent	John	3.
		Abraham	3. 5.
	Bennet	William	5.
		Alexander	11.
		Matthew	38.
		Hugh	38.
		Samuel	40. 62. 82. 92. 117.
		James	50.
		Arthur	50. 62.
		George	92. 102.
		Daniel	102. 106.
		John	114.
	Bonnett	William	20.
	Bonnell	Daniel	22.
	Bird	John	10. 112.
		George	23.
		William	24. 38. 61. 114.
		Daniel	50.
		Thomas	61.
		Samuel	114.
	Byrd	Sutton	34. 38.
		Redden	38.
		John	40. 61.
	Babb	Mary	46.
		Mercer	47
	Babcock	James	77. 96.
	Babelitman	Zora	44.

Entry Book Pages.	Names.		Nos. Returns.
	Bacon	Thomas	27.
		Nathaniel	50.
	Bacot	Samuel	38.
89	Baggs	John	19.
	Bagly	James	112.
	Bagnall	James, say Isaac widow Jane	14.
		Ebenezer	14. 62.
		Isaac	14. 62.
		John	62.
	Bail	Eldridge	44.
	Bails	Elizabeth	20. 119.
☐	Bailey	Robert	11. 93.
		Nathaniel	18.
		John	38.
		Zachariah	46.
		William	46.
		Moses	62. 84.
		Joseph	116.
	Bair	Barbary	20. 119.
	Baisden	James	50.
		John	50.
32	Baize	Josiah	—
	Baldwin	Isaac	56.
☐ 142.	Bailey	George	75.
153. 171. 183	Ballantine	James	—

Entry Book Pages.	Names.		Nos. Returns.
	Ballow	Thomas	3. 22.
	Ballinger	Edward	74.
	Baltzegar	George	92.
		John	119.
	Banks	Rivers	19.
		James	19.
		Charles	61. 75.
	Bankhead	James	11. 112.
		John	74. 75. 112.
	Banbury	William	82.
	Bannister	William George	40.
	Barnard	Isaac	112.
	Bartz	Fredrick	41.
	Baskins	Andrew	14. 77.
		William	18.
		James	18.
		Hugh	19.
	&	Evans	77.
59	Basquen	William	61.
	Bass	Joseph	3.
		Wright	55. 56.
		Thomas	24.
		James	17.
	Batchelor	James	40.
x	Bates	John	3. 123.
		Thomas	3.

Entry Book Pages.	Names.		Nos. Returns.
		Michael	74. 75. 115.
		James	75. 114.
		William	84.
	Bathea	Jesse	24.
		John	44.
	Bethea	William	24.
		Goodman	56.
	Bayle	Francis	62.
79	Bayly	John	—
	Bayt	Stephen	55.
		William	55.
	Beadsman	Thomas	123.
	Beale	William	75.
	Bean	Daniel	110.
		Thomas	40.
		William	46.
		Jesse	76.
		James	92.
	Beam	Albert	55.
	Beamer	William	80
	Beason	John	15.
	Beaudrot	Joseph	3.
112	Beaumarchais	de Caron	—
	Beck	Conrad	20
		Peter	20. 77.

Entry Book Pages.	Names.		Nos. Returns.
		Charles	56.
		Jacob	119.
	Beckley	Jacob	77.
	Beccum	Thomas	50.
		Russell	50. 78.
		Reuben	51. 78.
	Beekes	Samuel	46.
	Beekman	Samuel & Co.	61.
		Samuel	61.
137		Bernard	99.
	Beetes	James	19.
	Begley	John	14.
	Beiler	Joseph	15.
		Charles	38.
	Beilow	Joachim	8. 75.
	Beliew	Renny	75. 112.
		Reuben	112.
		Zachariah	112.
		David	114.
	Bellamy	Abraham	3.
		John	3.
	Bellinger	Edmund	9. 14. 61. 89.
		John	38.
		William	38.
	Belot	John	19.
		Elias	19.

Entry Book Pages.	Names.		Nos. Returns.
	Belt	John	27.
	Benbow	Martha	38.
		Edward	62. 96.
	Bennicker	Charles	119.
	Benoist	Francis	22.
		Peter	22.
		Daniel	22.
187	Bell	William	3. 11. 19. 24. 62. 120.
		Joseph	3.
		John	8. 10. 11. 15. 23. 51. 56.
		Fredrick	8. 27. 76.
		Harrison	10.
		Thomas	10. 19.
187		David	10. 11.
		Zachariah	10. 27. 55.
		Robert	19. 87.
		Samuel	19.
		James	27. 75. 104.
		Valentine	93.
		N¹. John	117. 120.
	Bellune	John	3.
		Francis	3.
		William	96.
16	Bellevie de	Legrand Chev'r	—
	Belton	John	2.
		Rachel	3.
		Abraham	8.
	Bolton	Richard	3. 116.
		Allen	38. 62.

Entry Book Pages.	Names.		Nos. Returns.
		James	50.
		John	56.
		Spencer	56.
		Daniel	61.
		Agnes	76.
	Bolt	Abraham	112.
	Burn	Thomas	3. 55.
		John	3. 14. 27.
		Ambrose	3.
		Samuel	10.
		Laird	15. 73.
		Andrew	40.
		Mary	46.
		Robert	50. 74.
123		James	62.
	Burnett	Andrew	3. 89.
		William	3.
		Benjamin	15. 93.
	Burney	Andrew	8.
32	Barnett	Jacob	10. 15. 112.
		Samuel	10.
		William	10. 27. 44. 92.
		Humphrey	10. 11. 112.
		Thomas	11. 111. 114.
		Joseph	27. 75. 114.
		Robert	27.
102		John	27. 56. 114.
		David	50.
		Michael	62.
		Jesse	84.
		Alexander	92.
		Micajah	114.
		Jo. Royal	114.

Entry Book Pages.	Names.		Nos. Returns.
	Barret	William	9. 88.
		Reuben	15. 114.
		Nathaniel	46.
		Matthew	50.
		Richard	42.
		Joseph	114.
	Barratine	James	50.
	Barrot	Luke	121.
	Burgess	John	2.
		William	9. 46.
		Joseph	19. 46.
		Joel	46.
		Richard	102. 112.
	Byers	William	2. 10. 76.
		Samuel	10.
		Henry	55.
		Peter	102.
	Byerly	Adam	56.
		Casper	93.
	Boyer	John	111.
	Bonneau	Samuel	1. 2. 3. 56
		Anthony	3.
		William	16.
		Ann	21.
		Henry	56. 96.
148		Stephen	—
	Bonniott & Bonneau		1.
		John	62.
	Bannion	Benjamin	80.

Entry Book Pages.	Names.		Nos. Returns.
	Ball	John	1. 11.
		Isaac	10. 11.
		Ambrose	11.
		Richard	11.
		Mark	18.
		Sampson	24.
		Elias	44.
32	Baltrip	Francis	—
	Ballard	Jesse	3. 45.
		John	50. 62.
		Thomas	62.
	Baylard	Jacob	18.
	Belin	Allard	1. 34.
		James	3.
	Blain	Michael	18.
	Berwicke	Simon	1. 117.
		John	93.
		John & Simon	117.
		White	121.
	Bone	James	3.
		John	121.
	Bona	Lewis	56.
	Boney	Jacob	44.
	Bonnia	John	62.
	Beraud	Matthew	19.
	Bernau	Martin	61.

Entry Book Pages.	Names.		Nos. Returns.
	Bethany	John	55.
		Jacob	56
	Bevin	William	56.
		James	112.
	Beverly	——— Mrs.	17.
	Biddy	Hollis	75. 112.
		John	112.
		Thomas	112.
		Peter	112.
	Biggard	Robert	96.
	Bigbea	John	56.
	Bigby	John	3.
	Bind	Daniel	75.
	Bininger	Abraham	56.
	Birchmore	William	62.
	Bisber	Casper	75.
23	Bize	Dan'l Hercules	—
	Bladon	William	46.
	Blair	James	10. 11. 27. 38.
		Adam	14.
		John	27. 82. 112.
		Thomas	27.
		William	27.
		George	50.
		Robert	73. 89.

45

Entry Book Pages.	Names.		Nos. Returns.
	Blalock	Lewis	24.
		John	27.
	Blanchard	Richard	5.
	Blanchfield	James	5.
	Bland	Thomas	3. 86.
		John	50. 112.
		Samuel	74. 114.
	Bletson or Bledsoe	Bartlett	50.
		Bergman	50.
	Blisset	George	27.
	Block	John	88.
	Blocker	Jacob	62.
		John	119.
	Blundell	Nathaniel	1. 15.
	Blunt	Charles	61. 62.
	Blount	Stephen	56.
		Benjamin	61.
	Blythe	Samuel	19.
		Robert	19.
		William	19.
	Bogan	James	74. 75. 107. 112.
		John	75.
		Isaac	90.
	Boggs	Thomas	10.
		Aaron	11.
87.		Joseph	11. 101.

Entry Book Pages.	Names.		Nos. Returns.
	Boland	John	75.
	Bommer	Jacob	44.
	Booser See Boozer below	Henry	44.
84	Booth	Mary	8.
		Joseph	10. 24.
		Enoch	24.
		John	27.
		Matthew	85.
x	Boshet	John	3. 87.
		Nicholas	3.
		Lewis	3.
163	Bortner or Bottner	Lewis	—
	Bosewood	William	73.
	Bostwick	Jonathan	3.
	Boswell	Robert	10.
	Botsford	————	23.
	Bottoms	Sarah	61.
	Boughtwell	Stephen	24.
		Burton	24.
	Boutwell	Burtonhead	3.
	Bourland	John	46.
		William	46.

Entry Book Pages.	Names.		Nos. Returns.
	Bourline	Joseph	8.
	Bowho	Lewis	75.
		Sampson	112.
	Bouzer See Booser above	Henry	20.
	Box	Mary	46.
		Margaret	47.
	Boykin	Samuel	81. 93.
		Burrell	93. 96.
32		John	—
	Bradaway	Jacob	18.
		Leonard	19.
	Brannan	Eugene	41.
		John	92. 116.
32. 41		Daniel	—
	Braveboy	Joshua	40. 100.
	Brealow	Abraham	15. 55.
	Breler	Abraham	55. 56. 86.
		Amos	55.
	Broadway	William	9.
		Abner	9.
		John	50.
	Broom	John	40. 50.
		James	90. 102. 110.
32		Thomas	—
	Brooner	Michael	50.

48

Entry Book Pages.	Names.		Nos. Returns.
	Brothers	John	3.
	Brough	Thomas	19.
	Brumet	John & Spencer	27.
	Brumfield	William	11.
		Eliz'th	27.
	Budd	John	73. 86.
		Susannah	86.
	Buffington	Thomas	56.
		Joseph	74. 114. 116.
	Bugg	Edmund	8.
		Sherwood	77.
	Bulkley	Joseph	96.
	Bumgardner	Conrad	20. 119.
	Bundrick	Charles	90. 110.
	Bundriack	Elizabeth	105.
	Burbage	Thomas	3.
		Jonathan	3.
	Burbridge	William	3.
		John	62.
	Burch	Joseph	3. 61. 87.
		Charles	22. 93.
	Burchfield	Joseph	75.
		Adam	80.
		James	80.

Entry Book Pages.	Names.		Nos. Returns.
	Burden	Kinsey	89.
	Burgher	Michael	14.
	Burnham	Thomas	3.
		Charles	3.
	Burnsides	Andrew	46.
		William	46.
		James	93.
	Burrow or Borrough	James	8. 14.
	Burrows	Samuel	3. 92.
		George	3.
		John	3.
		Joseph	3.
		Arthur	3
		William	11. 22. 82. 96.
	Burris	Samuel	24.
	Burough	Mary	8.
	Burson	Isaac	74. 107.
33. 108	Buycke	Peter	—
	Caborne	Robert	88.
	Cade	William	84.
See Caim below Craig, forw'd	Cahusac	Robert	22.
		Adam	40.
	Calcote	John	56.

Entry Book Pages.	Names.		Nos. Returns.
	Calder	Robert	19.
	Caldwell	John	9. 19. 46. 47. 61. 111.
		William	10. 38. 46. 75. 108. 110.
		Samuel	10. 96.
		Mary	15. 35.
		David	19.
		James	19. 75. 76. 79. 112.
		Joseph	79. 94. 110.
	Callaghan	Daniel	5.
	Calliham	John	19. 47. 50. 113.
		David	51.
	Calvert	John	15. 44.
		James	19.
256	Cambray	Colº.	—
	Cameron	James	10. 22.
		John	11. 15. 76.
		Joseph	15. 93. 96.
		Andrew	27. 35.
		Thomas	27.
	Camline	Matthew	5.
	Cammock	John	46.
	Camp	Moses	15.
		John	114.
	Campbell	William	5. 10. 11. 46. 61.
		James	5. 10. 11. 18. 19. 24. 46.

51

Entry Book Pages.	Names.		Nos. Returns.
		Alexander	8. 10.
		Thomas	10. 14. 55. 56. 62.
		Andrew	10.
		John	11. 19. 40. 75. 112.
		Michael	14.
		David	14. 15. 40. 75.
		Henry	19.
		Patrick	19.
		George	46.
		Duncan	46.
		Angus	47.
		Gilbert	50.
		Macartan	51. 61.
		Driffit	55.
		Robert	62.
		Elizabeth	76.
		Isom	123.
	Campton	James	19.
	Cannada	John	116.
	Canmore	John	10.
32	Cannon	William	2. 46. 62.
		Samuel	34.
62		Robert	46.
		James	46.
		John	46. 92.
		Isaac	46.
		Edward	62.
		Ephraim	74. 75.
		David	74. 110.
		George	92.
		Daniel	93.
		Henry	96.
	Cantey	James	8.
		Samuel	9. 38. 62. 88.

Entry Book Pages.	Names.		Nos. Returns.
		Joseph	9.
51		Charles	14. 15.
		John	14. 15. 44.
		William	22. 27.
		Josiah	22. 27. 62.
		Zachariah	44.
		Philip	44.
	Cappello	Andrew	22.
	Capers	Charles	1.
		William	34. 62. 65.
	Caps	John	62.
	Carr	John	5. 10.
	See Karr	Edward	8. 96.
		William	10.
		Andrew	10.
		Abraham	10
		Malcom	15. 86.
		Robert	27.
		Joseph	56.
		Christian	85. 119.
		Jane	93.
		Jacob	119.
	Carraway	William	40.
	Carden	Larkin	40.
	Cargill	Cornelius	100.
183. 256 ...	Carmichael	James	
	Carrithers	Robert	19
		Matthew	19
		William	19

Entry Book Pages.	Names.		Nos. Returns.
	Carlile	John	5.
		Francis	19. 50.
	Carn	Philip	20. 119.
		Fredrick	56.
		Samuel	61.
185	Carne	John	—
	Carnes	Robert	27.
		Alexander	27.
57		Lewis	—
	Carnahan	John	10.
	Carnican	Adam	96.
	Carner	Jacob	119.
	Carter	Isaac	5.
		William	5. 15. 27.
		Matthew	8. 62.
		John	10. 11. 46. 51. 87.
		Benjamin	14. 116.
		Churchwell	15.
		Robert	18. 38. 46. 62.
		James	19. 78.
		Randolph	22. 27.
		Powell Charles	23.
		Dudley	50.
		Thomas	51.
		Henry	39.
		Neboth	49.
		Rob't William	62.
		Samuel	82.
		Ralph	87. 93.
		George	93.
	Carless	William	92.

54

Entry Book Pages.	Names.		Nos. Returns.
	Carsan	Walter	10. 11.
		William	10. 19. 50. 83.
		James	10. 11. 38. 50.
		Samuel	10. 11. 19. 50.
		Thomas	11. 19.
		Andrew	11.
		John	11. 19. 44.
		Joseph	19.
		David	19. 50.
		Adam	19.
	Carswell	James	47.
		Mary	47.
	Carrel	Richard	46.
		Edmund	56.
		Jacob	56.
		William	56.
	Carrol	John	11.
		Daniel	112.
	Carroll	Joseph	10.
		Samuel	10.
		Thomas	10.
		Edmund	61
	Carrott	Mary	93.
	Cartledge	John	8. 45.
		Joseph	56.
		Edmund	92.
	Cary	Benjamin	56.
	Cairly	John	10.
	Casey	Rawlin	3.
		Elizabeth	5.

55

Entry Book Pages.	Names.		Nos. Returns.
		Abner	46.
		Peter	46.
		Levi	47.
		Aaron	55. 114.
		William	80.
		John	111.
		Christopher	114.
	Cashaw	James	10.
	Caskin	John	40.
	Caskey	Samuel	22.
		John	22. 73. 96.
	Cassells	Ann	22.
		John	38. 62.
		Henry	44. 98.
		Benjamin	62.
	Cassetee	William	23.
		Zachariah	24.
		Jesse	62.
All Castillaw—	(Castello	James	62.
	(Castilo	John	1.
	(Castillan	Ann	56.
	(Castillow	James	76. 77.
	(Castiller	Thomas	50.
	(Castlow	William	10.
	Cason	William	40.
		Rosey	44.
		Willis	56.
		Cannon	56.
	Caston	Andrew	18.
		John	61. 93.

Entry Book Pages.	Names.		Nos. Returns.
	Castlebury	William	114.
	Caswell	Joseph	19.
		George	19.
	Cattell	Benjamin	56.
	Cato	William	40.
		James	47.
		Henry	62. 96.
		Burrell	62.
	Cater	Thomas	1. 14. 16. 61.
		Zachia	5.
		Stephen	27.
		William	56.
	Catterton	John	88.
See more of this name at ye end of this letter.	Cauley	John	50.
	Caurain	Lezare	19.
	Cavan	John	75.
	Caver	Mary	22.
	Cavil	Benjamin	75. 80. 114.
	Caw	Rachel	8.
	Cawsey	William	62.
	Celley	Joseph	75.
	Chadwick	Jonathan	38.

Entry Book Pages.	Names.		Nos. Returns.
	Chambers	John	10.
		Adam	46.
		James	76.
	Chamberlain	John	50.
	Chalmers	John	11. 19.
		James	19.
		Gilbert	40.
	Chance	Isaac	24.
	Chancellor	Mary	22.
		William	22.
	Chandler	Joseph	23. 110.
		George	40.
		Isaac	44. 62.
		Jacob	47. 86.
		Thomas	62.
		Joel	74. 75. 110.
		Abednego	75. 110.
		Jeremiah	75. 114.
		William	94.
		John	105. 106.
		King Solomon	106. 110.
		Shadrack	110.
		Meshack	110
		Obediah	110.
		David	110.
		James	110.
		Mordecai	110. 114.
147		Daniel	114.
	Champ	Richard	23. 24. 92.
	Champaign	Richard	114.
		Gibson	114.

Entry Book Pages.	Names.		Nos.	Returns.
153. 166. 207. 250	Champion	Jacob	61.	
		Richard	—	
	Channel	Archibald	15.	
	Chaplin	Thomas	1. 17.	
		William	16.	
	Chapple	James	27.	
		Rachel	35.	
		Thomas	51.	
		Laban	56. 62.	
		Hicks	61. 62.	
		Robert	62.	
	Chapman	Levi	5.	
9		Joseph	19. 22.	
		Robert	49.	
		Dew	55.	
		William	77.	
		John	110.	
		Giles	110.	
98. 140. 151		Allen	—	
	Chaires	James	5.	
	Charles	Frederick	20.	
		Laurence	44.	
		Michael	104.	
74	Chassereau	John	—	
	Chastine	Peter	51.	
	Chavis	Daniel	93.	
	Chevas	Alexander	19.	

Entry Book Pages.	Names.		Nos. Returns.
	Chevaus	Thomas	19.
		Jeremiah	112.
	Cheat	Ellice	46.
	Cheeck	Elias	112.
	Cheney	David	23. 61.
		William	93.
		James	93.
		George	93.
		John	96.
	Cherry	William	24.
		George	24.
		Jacob	96.
		Moses	112.
	Cheeseborough	John	99.
	Chesney	William	74. 75. 112.
		Richard	75.
	Chesnutt	John	15. 44. 45.
		James	15.
		Samuel	15.
		Alexander &	15.
		Kershaw	44.
		John & Co.	73.
	Chester	David	56. 100.
	Chew	Caleb	38. 39. 40.
		Benjamin	40.
		Derry	41.
87......................		Drury John	—
	Chiffelle	Philotheus	2.
		Amadeus	86.

Entry Book Pages.	Names.		Nos. Returns.
173. 238.....	Childs	Haswell & McIver	—
	Childs	James	19.
		Jonathan	19.
		John	24.
132.....................		Nathan	—
132.....................		Nathan & Co.	—
	China	John	56.
	Chinners	Isaac	3.
	Chirey	George	38.
	Chisolm	John	2. 76. 114.
		Alexander	2. 62.
		Mary	3.
		Martha	3.
4. 5.........	Chitty	King Charles	3.
	Chivers	Bartholomew	121.
	Chovine	Alexander	5.
	Christian	Philip	56.
	Christopher	James	50.
	Church	Michael	65. 82.
	Clackston	John	50.
	Clancey	William	41.
	Clanton	Ephriam	8.
		Richard	9.
		David	14.

Entry Book Pages.	Names.		Nos. Returns.
	Clappard	John	78.
	Clary	Robert	24.
	Clay	Nathan	50.
	Clayter	Laurence	24.
		James	24.
	Clayton	Isham	3.
		Abraham	8. 62.
		John & William	27.
		Isaac	27.
		Joham	56.
		Thomas	74.
		Charles	74.
		William	114.
		John	114.
	(Clarke	James	1. 5. 10. 75. 80.
	) and		96. 102. 106.
	(Clark	Ann	3.
		Henry	5. 8. 61. 75. 111.
162. 222..................		William	10. 11. 18. 19. 55.
			77. 112.
		Anthony	11.
		Joseph	11.
		David	19.
		Jacob	19.
57.......................		Thomas	19. 27. 47.
		Alexander	19.
		Harman	24.
		Non or Nun	24. 100
		Bartley	38.
		Lewis	50. 51.
		Moses	51. 62.
		Daniel	55.

Entry Book Pages.	Names.		Nos. Returns.
		John	56. 75. 83. 102. 107.
		Benjamin	75.
		Ideras	75. 102.
		Key Tandy	75.
		Widow	107.
		Francis	112.
		Edward	112.
		Christopher	114.
32......................		Gideon	—
162......................		George	—
	Cleckley	John	20. 44. 119.
	Clegg	Samuel	5. 15.
	Clem	John	50.
	Clements and Clemons	Thomas	3. 62.
		Edward	5.
		John	9. 62.
		Arthur	9. 62.
		William	9.
		Joseph	23.
		Verdiman	50.
		Zeph	50.
		Josiah	96.
	Clendennan	Thomas	11.
	Clerkstock	William	75.
	Cletheral	James	65.
223	Cleveland	Benjamin	
	Clifford	Elizabeth	2.
		Charles	8.

Entry Book Pages.	Names.		Nos. Returns.
	Clifton	William	112.
	Cline	Peter	56.
	Clinton	James	10. 11.
		Archibald	10.
		Peter	10.
		William	46.
		Robert	46.
	Clockner	Matiers	88.
See Cottheen	Clothing	Charity	40. 62.
	Cloud	James	10.
	Clouney	Samuel	74. 108.
	Clyatt	Hannah	5. 93.
	Coachman	Sarah	2.
		James	3. 34.
	Coates	Joseph	44.
		Thomas	46.
		William	49.
		John	75.
		Marmaduke	89
	Cobb	Judith	18.
		John	27. 112.
		Samuel	46.
		Nathaniel	90.
	Cobran	John	14.
	Cochran	John	19.
		William	50.

Entry Book Pages.	Names.		Nos. Returns.
		Robert	50.
		Phebe	51.
		Thomas	61. 62. 116. 117.
	Cochral	Jeremiah	22.
	Cockburn	John	51.
	Cocker	Joseph	75.
	Cockerele	Moses	15.
	Cockfield	William	5.
		Josiah	5.
		Joseph	23.
	Cockley	Isaac	50.
	Coffey	Hugh	27.
		Nathan	27.
		John	27.
		Henry	27
	Codgell	George	24. 93.
		John	34. 38.
	Coggins	William	50. 56.
	Cohen	Abraham	1. 5.
		Robert	11.
	Coil	Barney	19.
		John	19.
		Thomas	19.
		James	40.
		Joseph	62.
	Coiler	Moses	112.

Entry Book Pages.	Names.		Nos. Returns.
	Coker	Thomas	24.
		Nathaniel	24.
		William	55.
	Colclough	Alexander	44. 116.
	Colden	Temperance	5.
		Blanchard	5. 62.
	Cole	Joseph	10.
		John	16. 19. 47. 55. 62.
		James	24.
		David	24.
		Thomas	114.
	Colhoun	Ewing John	8.
		Alexander	11.
93.............		Patrick	18. 19. 76. 85.
		John	18. 19. 46. 114.
		Joseph	19.
96.............		William	19.
		Henry	19. 75
		Thomas	75. 87. 114
96.............		James	—
	Colk	William	110.
	Coley	John	50.
	Colley	James	10.
		William	10.
	Colly	Andrew	75. 114
32.............		Minard	
	Collier	John	23.
	Collyer	Moses	75.

Entry Book Pages.	Names.		Nos. Returns.
	Coller	Benjamin	115. 119.
62......................		Benedict	—
	Colter	Anthony	102. 106. 114.
	Colson	Jacob	3.
	Colvin	William	27.
	Collins	Jonah	1. 62.
		Dilliard	2.
		Jonathan	5.
		William	5. 27. 44. 55. 90.
		John	9. 11. 19. 75. 90.
		Samuel	11.
		Daniel	11.
		Mary	21.
		Cary	24.
		Robert	38. 50.
		Joseph	44. 56.
		George	55.
		Lever	56.
		Moses	56.
		Reuben	61. 62.
		& Neisbett	75.
		Edmund	84.
		Lewis	84.
		Richard	90.
		Patrick	121.
	Coleman	Jacob	3. 96.
		John	24.
		James	24.
		Charles	44. 84.
		William	50. 112.
		Francis	62.
		Abner	74. 112.
		Robert	77. 112.

Entry Book Pages.	Names.		Nos. Returns.
	Commander	James	5. 125.
		Samuel	22. 96.
		Thomas	77.
	Combo	Nathaniel	3.
	Comber	Daniel	112.
	Combs	Philip	27
	Con	Thomas	96.
		George	120.
See Coone &	Cone Kuhn.	Matthew Henry Nicholas	24. 74. 75. 110.
	Connally	John	24.
	Connell	Mary	24.
		Giles	27.
		Jesse	75. 114.
		William	92.
		George	114.
	Connolly	Patrick	11. 85.
		Ficklin	117.
	Conaway	Jeremiah	75. 114.
		William	114.
	Connaway	Philip	56.
	Connor	Jonathan	3.
		John	11. 44. 75. 114.
		James	23.
		Adam	44.
		Isaac	44.

Entry Book Pages.	Names.		Nos.	Returns.
		Thomas	62.	
		Archibald	84.	
		Uriah	90.	
		Maximilian	90.	
255	Conway	Robert	—	
	Conyers	John	17.	
		Ephraim	27.	
32...............		James	27. 40. 92.	
		Daniel	62.	
		Charles	84.	
		Stran	96.	
	Confray	Adam	50.	
	Conrad	Crider	40.	
	Cooch	Joseph	19.	
		John	119.	
	Cook	Wilson	1. 3. 40.	
		John	3. 15. 20. 22. 26. 40. 46. 61. 74. 77.	
		Drury	5. 27.	
		Daniel	11. 24.	
		Cornelius	11.	
		Abraham	23.	
		William	24. 77. 112.	
		West	27.	
		Reuben	38. 56. 76.	
		James	45. 46.	
		Robert	56.	
		John & James	47.	
		Thomas	52. 62. 114.	
		Elimach	96.	
		P. Wommock	104.	
	Cooksey	William	27.	

Entry Book Pages.	Names.		Nos. Returns.
	Cooley	John	56.
	Coon	Lewis	61.
		Conrad	61.
		Casper	62.
		Henry	90.
		John	102.
	Cooney	Jacob	40.
		John	40.
		Margaret	119.
	Coop	Lewis	27.
	Cousmoulo	Henry	55.
	Cooper	Thomas	1. 5. 39. 45. 111. 123.
		James William	3. 5. 96.
30......................		William	5. 74. 80.
		George	5. 96.
		James	10. 87. 93.
		John	11. 80. 87. 93. 96. 114.
		Robert	11. 47.
		Jacob	11.
		Wm. John & James	15.
		Peter	22. 27.
		Ezekiel	22.
		Joseph	23.
		Edward	23.
		Elizabeth	24. 93.
		Richard	40. 88.
		Stacey	46.
52......................		Samuel	47.
		Silvanus	93.
	Copelin	John	9. 46.

Entry Book Pages.	Names.		Nos. Returns.
	Copeland	William	15.
		Alexander	61.
145......................		John	—
	Copacke	Joseph	19.
	Coppley	Patrick	34.
	Corbett	Thomas	1.
		Brinkley	22. 62.
		James	56.
102......................		Daniel	56.
	Corbin	Elizabeth	20. 77.
		Arthur	22.
	Corder	John	10.
	Cordes	Samuel	8.
		James	22. 56.
		John	38.
	Corgill	Magnus	23.
	Cork	John	82.
	Corkman	George	20.
	Corkskadden	Robert	10.
	Cornelius	Loe	61.
	Coram	Thomas	40.
		Henry	3.
	Cotham	Thomas	77.
	Cottheen	Charity	40. 62.

Entry Book Pages.	Names.		Nos. Returns.
	Cottingham	Dill	23.
		Daniel	23.
	Cotton	Samuel	51.
		Thomas	51.
	Couch	Millington	46.
		Edward	51.
	Coughran	Robert	19.
		William	50.
	Coulter	Robert	15.
		Archibald	15.
	Countryman	Andrew	10.
	Counts	Henry	75.
		John	102.
	Couplin	Alexander	114.
7.........	Court Martial		—
	Coursey	John	50.
		William	50.
		James	51.
241	Courson	James	73.
	Courtney	James	11.
		Robert	24.
	Cousant	James	8.
	Cousins	George	55. 62.
	Couser	John	27.

Entry Book Pages.	Names.		Nos. Returns.
Cousart	Thomas	22.	
	James	22.	
	Archibald	27.	
	John	27.	
	Nathaniel	27.	
Couts	Jesse	114.	
	John	114.	
	Benjamin	114.	
	Millington	114.	
	William	114.	
Couturier	Martha, Isaac & John	14.	
Council	William	24.	
	Elizabeth	24.	
	Henry	62.	
Covenover	Daniel	108.	
	Benjamin	112.	
Covington	John	50.	
	William	50.	
Coward	William	23.	
Cowdey	Jeremiah	120.	
Cowen	Andrew	19.	
	James	19.	
	John	19. 34.	
	George	51.	
Cowley	William	112.	
	Robert	120.	
Cown	Thomas	24.	

73

Entry Book Pages.	Names.		Nos. Returns.
	Cox	Sarah	3.
		William	3. 24. 50.
		Samuel	3. 24. 34. 96.
		John	5. 23. 41. 62. 96. 110.
		James	19. 62.
		Josiah	24.
		Emanuel	24.
		Rebecca	35.
		Allen	47.
		Christopher	50.
		Manuel	62.
		Cornelius	75.
109.........	Crafton	Bennett	8.
	Cragg (say Craig)	Redia	75.
	Craig	Henry	10.
		James	11. 19. 27. 47. 55.
		William	11.
		George	11.
		Samuel	11.
		John	11. 15. 22. 46. 73.
		Robert	15. 56.
		Alexander	24.
		Quintin	27.
		Eleanor	46.
	Cain	John	10. 19. 51. 103.
		James	19.
		Michael	19.
		Patrick	19.
		Richard	19. 24. 93.
		Abner	103.
	Crain	Charles	75. 104.
		William	112.
		Samuel	112.

Entry Book Pages.	Names.		Nos. Returns.
	Crapeses	Michael	20.
120.........	Crapps	Michael John	44.
		John	62.
	Crawford	Thomas	8.
		William	8.
222.....................		James	8. 11. 23. 25. 76. 77. 94.
		Robert	8. 19. 22. 27. 40. 85.
		Nathaniel	10.
		Alexander	11. 62.
		Joseph	15.
		John	19. 116.
		Enos	19.
		George	19.
		Andrew	19.
		Barbara	19.
		Gilbert	19.
		Samuel	19.
35. 46		Bellamy	56.
		Nathan	86.
		Patrick	114.
	Creath	William	10.
63..........	Cree	Ann	—
	Creech	Richard	34. 76.
		William	76.
		Stephen	76.
		Ann	76.
	Creighton	Thomas	61.
97.....................		John	61. 111.
		Joseph & others	88.
		Charles	120.
39..........	Cramer	William	—

Entry Book Pages.	Names.		Nos. Returns.
	Crenshaw	Jesse	11.
		David	45.
		Micajah	62.
		Allen	93.
	Crews	Samuel	73.
	Cribe	Jonathan	5.
	Crim	Peter	49. 62.
	Cripps	John &	3.
See Mey &	Cripps	Mey	99. 100.
	Criswell	Robert	10.
		Andrew	11.
		Samuel	11.
		Henry	11.
	Crittondon	Elizabeth	50. 51. 85.
		John	50.
	Crocker	James	24.
		Anthony	114.
		Solomon	114.
		William	114.
	Crockatt	Samuel	18.
		Robert	27. 44. 45.
		John	27.
		Elijah	27.
		James	125.
	Croisure	Andrew	50.
	Croft	Abia	3. 62.
		George	73. 125.
60........................		Edward	88.
		Childermas	125.

Entry Book Pages.	Names.		Nos. Returns.
	Croll	John	14.
	Cromer	Godfrey	61.
		Jacob	61.
		Martin	110.
		George	110.
	Cromwell	Oliver	62.
	Cronick	Peter	40.
	Crooks	Samuel	110.
	Croop	Francis	17.
	Cropps	Henry	44.
		Francis	44.
		John	44.
		William	96.
	Crosby	Hannah	15.
		William	19. 27. 117.
		James	19.
		Jacob	22.
		Richard	27.
		Thomas	38. 50.
		Jerman	56.
		John	92.
		Timothy	93.
	Croskey	John	8. 92.
	Croskry	William	8. 62.
	Croson	Robert	5.
	Cross	Samuel	1. 44. 62. 77.
187....................		John	62.

Entry Book Pages.	Names.		Nos. Returns.
	Crossland	Edward	24.
	Crossle	William	9.
	Crosley	George	74. 75. 112.
		Samuel	62.
32.........	Crosslin	Samuel	—
		Seth	120.
	Crosswell	Gilbert	76.
	Crouch	Henry	1.
		McCary & Co.	77.
	Crow	William	46.
		Charles	47.
		John	50.
		Isaac	50.
		Thomas	75. 114.
	Crowden	Robert	11.
	Crowley	Charles & Co.	41.
		Charles	41. 116.
	Crowther	James	108.
		Thomas	108.
	Cruise	Thomas	46.
		Isaac	114.
		Jesse	56.
	Crum	David	20. 119.
		Laurence	119.
	Crumley	Martin	40.
		Adam	40.
	Crummy	Stephen	24.

Entry Book Pages.	Names.		Nos. Returns.
	Crump	John	18.
	Crumpton	Henry	34.
	Cudworth	Benjamin	1. 2.
	Culbertson	Samuel	74. 108.
		Josiah	114.
	Culbreaker	Joseph	20.
	Culliats	Thomas	27. 56.
		James	34.
		John	99.
	Culp	Benjamin	10.
		Augustine	10.
		James	10.
		Peter	11.
		John	14.
	Culpepper	Joseph	20. 22. 119.
	Cummins	William	46.
		James	75.
		Jeremiah	96.
	Cunningham	John	3. 11. 18. 75. 76.
		James	5. 11. 19. 46. 61.
		Arthur	5. 94. 112.
		George	11.
		Andrew	61.
		Patrick	84.
208......................		David	—
	Cunnington	William	61. 96.
	Cureton	William	75.

Entry Book Pages.	Names.		Nos. Returns.
	Curl	John	5.
	Curling	Thomas	93.
	Currens	John	10.
	Curry	Samuel	10. 86.
		Robert	10.
		Charles	11.
		William	27.
		Stephen	40.
		Dudley	44.
		John	51.
		Peter	62.
		Jacob	62.
		Stofford	96.
		Nicholas	112.
		Thomas	114.
	Curtis	Thomas	20.
		Fielding	112.
		Moses	112.
	Cuthbert	Seth	14.
		Isaac	16. 62.
43......................		James	—
153......................		Alex'r John	—
	Cuttino	William	5. 125.
	Cauley	George	50.
		Richard	50.
		Catlet	50.
		Sherard	50.
		Abner	50.
		Nathaniel	50.
		Zachias	50.
	Dabbs	Joseph	24. 96.

Entry Book Pages.	Names.		Nos. Returns.
	Dacosta	Isaac &	56. 76.
		Nelson	73. 76.
	Dale	William	28.
		Joseph	62.
	Dalrymple	John	46.
	Damewood	Henry	28.
	Dancer	Henry	61.
		John	61.
	Dandy	William	47.
		Thomas	47.
	Daniel	Robert	1. 2. 5. 40.
		John	3. 24.
		Thomas	14. 15. 55.
		James	15. 113. 123.
		Aaron	24.
		William	56. 113.
		Richard	61. 62.
		Samuel	121.
103.....................		Oliver	—
	Dansby	Daniel	40.
	Danseller	John Henry	20.
		John	20.
		Henry	20. 93.
		Jacob	100.
	Darby	Nicholas	23.
		John	24.
144.....................		Asa	27.
		Benjamin	50. 75. 107.
		Richard	110.

Entry Book Pages.	Names.		Nos. Returns.	
	Darborrow	Benjamin	32.	
	Darbourough	Hugh	50.	
	Dardon	George	28.	
		John	28.	
107...............	Darling	Ephraim	28.	
		Mary	—	
	Darlington	John	56.	
	Darr	Valentine	8.	
	Darragh	John	11. 40.	
	Dart	Benjamin	61.	
		Sanford John	93.	
	Darvin	James	10.	
	Darwin	John	11.	
	Dasher	Christian	56.	
	Daughtery	Mary	24.	
	Dauseth	Jonas	114.	
	Davenport	James	47.	
		Francis	47.	
		Joseph	47. 117.	
	David	Ezekiel	24.	
		Azariah	24.	
		John	24. 32.	
		Josiah	24.	
		Benjamin	56.	

Entry Book Pages.	Names.		Nos. Returns.
		Joshua	96.
32......................		Peter	
	Davidson	William	5.
		Robert	5. 41. 125.
		George	27.
		Sarah	75.
		Joseph	94.
		John	104.
	Davie	Joseph	22.
	Davison	Elias	10.
		William	11. 62.
		John	11. 74. 107. 112.
		Samuel	14. 15.
		Hugh	27.
		Joseph	112.
	Davis	R. William	2. 5. 115.
		Mary	2. 56. 76. 117.
		James	3. 27. 28. 40. 50. 56.
		Esther	3.
		Benjamin	3. 5. 23. 24. 28. 44. 61. 114.
44......................		Robert	5. 27. 50.
		David	5. 41. 55. 56. 114.
		Francis	5. 24. 61.
		Henry	5. 38. 44. 96.
		Rosher	8.
		William	8. 11. 23. 28. 61. 62. 106.
		Agnes	10.
		Elijah	10.
		John, Edward & Thomas	11.
102......................		John	15. 22. 31. 44. 51. 62. 76. 85. 90. 93. 116.

Entry Book Pages.	Names.	Nos. Returns.
	Thomas	24. 28. 44. 50. 61. 75. 96. 121.
	Jeremiah	27. 45. 123.
	Amos	27. 44.
	Caleb	27.
	Joseph	28. 45.
	Granville	28. 75.
	Surry	28.
	Wiley	28.
	Moses	28.
	Chesly	28.
	Gardner	28.
	Absalom	28.
	Alexander	28.
	Jane	32.
	Simon	44. 112.
	George	46.
	Fredrick	46. 112.
	Samuel	46.
	Daniel	46.
	Mason	49.
	Allen	49. 56.
	Zachariah	50.
	Vachel	50.
	Ware	50.
	Scolton	50.
	Clemency	50.
	Blandford	50.
	Isom	50. 78.
	Jesse	55. 56.
	Nathan	55.
	Hezekiah	55.
	Arthur	56. 76.
	Solomon	56.
	Joshua	62.
	Nathaniel	75. 90. 110.
	Claman	75.

Entry Book Pages.	Names.		Nos. Returns.
	Dawkins	Richard	56.
		William	74. 75. 110.
		Elizabeth	75.
		Chloe	75.
		James	102.
		Joseph	110.
	Dawsey	William	5. 40. 61.
	Dawson	John	8. 14. 62.
		Britton	8. 50.
		Richard	17.
		Joseph	28.
		William	50.
		Jonathan	51.
		Larkin	112.
	Day	William	38. 50.
		John	50.
103		Peter	50.
		Henry	50.
		Joseph	50.
32		Samuel	—
	Deal	William	46.
	Dean	Abner	27
		William	46. 50.
		Samuel	50.
		George	50.
		Julius	50.
		Thomas	123.
	Dearington	Thomas & Richard	1.
		Robert	3. 84.
	Deas	John	40. 41. 85. 86. 92. 96.

Entry Book Pages.	Names.		Nos. Returns.
	Deason	John	61. 62.
		William	62.
		Enoch	62.
		Quillar	88.
	Dees	Simon	62.
	Dehay	Andrew	5.
		John	5.
		Zachariah	56.
		And'w or Josiah	111
	Delahowe	John	45.
	Delany	James	27.
	Delap	Robert	62.
	Delka	John	1. 56.
	Deliesseline	John	5.
		Isaac	5.
	Delaughter	George	50.
	Deloach	Samuel	50.
		Michael	56.
		Hardy	56.
		John	56.
	Delong	Henry	23.
	Delotch	David	55.
	Delough	William	114.
	Delstroche	Michael	22.
	Delwood	William	28.

Entry Book Pages.	Names.		Nos. Returns.
	Demsey	Dennis	112.
	Demere	Raymond	9.
	Denley	William	61.
	Dennard	John	75. 80.
		William	80.
		Jacob	80.
	Denney	John	46.
		Edward	75. 94. 112.
	Denning	John	93.
	Dennis	John	10.
		Simmeral	11.
		Richard	100.
		G. Richard	111. 116.
	Densler	John	40.
	Denton	James	2. 62.
		Reuben	45.
	Derby	Benjamin	74.
	Deramas	John	40.
	Derry	John	2.
99.	Desaussure	Jane	17.
113......................		Daniel	61.
	Deschamps	Peter	9.
	Deshezer	Henry	104.
	Desmore	James	38.

Entry Book Pages.	Names.		Nos. Returns.
	Detraville	John	17.
	Deulin	Reuben	10.
	Deuling	John	23.
		James	23.
	Devant	Ann	16.
		Charles	50.
		James	56.
	Deveaux	Stephen	2. 17. 116.
		Francis	50.
85. 137.		William	73.
	Develin	James	28.
	Deverney	Peter	111.
	Dewa	James	8.
	Devore	Matthew	50.
		Jacob	50.
139.........	Dewitt	William	24. 76.
		Martin	24.
		Charles	45. 56. 62.
		Harris	96.
		Reuben	96.
	Dews or Due	James	24.
	Dial	John	23. 46. 93.
		Jeremiah	47.
		Garret	50.
		Nathaniel	75. 112.
		Edward	110.

Entry Book Pages.	Names.		Nos. Returns.
	Diamond	John	11.
	Dicas	Edward	114.
	Dichtell	John	40. 119.
	Dick	Robert	5. 93. 96.
		John	8. 15. 50. 86.
		Joseph	50.
		Thomas	50.
		William	96.
	Dickert	Michael	110. 115.
	Dickey	John	3. 10. 92. 93.
		William	10.
		George	11. 92.
		Robert	11.
		David	11.
		Stewart	5.
		Edward	34.
		Alexander	110.
	Dickison	Robert	46.
		Josiah	56.
		James	108.
	Dickinson	Joel	77.
	Dickson	John	5. 15. 22. 28. 86. 90.
		Michael	11.
		Matthew	11.
		Hugh	11.
		William	40. 75. 90.
		Samuel	55.
		David	90.
	Digmon	John	88. 121.

Entry Book Pages.	Names.		Nos. Returns.
	Dill	Joseph	2.
		Nicholas	21. 40.
	Dillard	James	47.
		Nicholas	50.
	Dingle	Robert	8. 44. 84.
	Dinkins	William	3. 9.
		Joshua	88.
	Dinsmore	Samuel	10.
	Disecker	Jacob	3.
	Disse	Ralph	88.
	Ditchfield	Thomas	3.
	Dixon	Robert	1. 44. 75.
		William	28. 112. 114.
		Ann	62.
		Michael	66.
		Jeremiah	75. 114.
		James	77. 114.
		Samuel	93.
		Hugh	110.
96.		Thomas	—
	Dobbin	Elizabeth	5.
		William	5.
		John	5. 82.
		James	28. 110.
	Dobs	Fortunatus	75. 93. 114.
	Doby	John & Elizabeth	44.
		William	50.

Entry Book Pages.	Names.		Nos. Returns.
	Dodds	John	11. 40. 62. 112.
		Hugh	11. 87.
		Francis	61. 90.
		Sarah	75.
		James	86.
		William	112.
	Doeck	Thomas	114.
	Doharty	James	17. 110.
		John	27. 76.
		William	46.
		Peter	123.
	Dollard	Patrick	3.
		Peter	125.
	Dolton (see Dotton below)	Thomas	50.
		Matthew	50.
		Jeremiah	114.
	Dolley	Sarah	75.
	Dominiack	Jacob	110.
		John	110.
	Dominick	John	14.
	Donaho	Daniel	62.
"see Dunalow"		John	62.
	Donalo	Alexander	27.
		John	38.
42.		James	62.
		Moses	62.
	Donaldson	Matthew	28.
	Doney	Peter	24.

Entry Book Pages.	Names.		Nos. Returns.
	Dondleson	Hugh	112.
	Donley	Hugh	119.
	Doods	John	27.
	Doogan	Robert	46.
		James	46.
		Thomas	47.
	Dopson	Joseph	17.
	Dorsius	John	61.
135..................	Do. &	Bellamy Wm.	
	Dorst	Peter	50.
	Doss	Joel	28.
	Dortch	John	40.
		William	44. 84.
		Nathaniel	55.
	Dotten	Jeremiah	61. 75.
	Doud	Caleb	2. 27.
		William	49.
	Doughty	William	14. 44.
		Thomas & others	45.
82......................	&	Bryan	—
	Douxsaint	Paul	1. 35.
1.........	Dove	John	—
		Benjamin	14.

Entry Book Pages.	Names.		Nos. Returns.
		Jacob	27. 44.
		Alexander	77.
	Dover	John	9. 15.
		Francis	15.
	Douglass	George	5.
45......................		Thomas	22.
		Joshua	24.
		Jesse	24.
		Hugh	28.
		John	28. 50. 75.
		Solomon	50.
		Sherrard	50.
		James	62. 75.
		Alexander	62. 96.
	Dowdle	Allen	10.
		James	10. 15.
		Robert	11. 15. 45.
	Downes	Richard	2.
		John	24.
		Jonathan	47.
	Dowse	William	3. 83.
	Dowver	Joshua	50.
	Downing	John	11.
		Josiah	28.
	Dozer	John	5.
	Drake	John	1. 73.
		William	50.
	Draffts	John	44.

Entry Book Pages.	Names.		Nos. Returns.
	Draper	James	112.
	Drayton	Charles	2. 62.
123.		John	2. 61. 93.
		Stephen	3.
49.		Thomas	27.
		Glen	62.
	Dreher	George	1.
		Godfrey	21. 96. 119.
		John	61.
	Drennan	John	85. 86.
	Drennin	Thomas	10.
	Drennon	William	28. 32.
		John	28.
	Dreter	Godfrey	62.
	Driffil	John	56.
	Driggers	William	92.
	Driggors	Julius	44.
	Drigens	Debrix	8.
	Drown	John	119.
	Droze	Isaac	15.
		Mary	96.
	Drummond	John	56.
	Duberry	Irby	77.

Entry Book Pages.	Names.		Nos. Returns.
	Dubose	Samuel	1.
74.		Isaac	2. 23. 24. 86. 96. 113.
		Elias	23. 93.
		Daniel	23. 62. 96.
		John	23.
		Peter	24. 82. 87.
		Andrew	24. 96.
		Elias & others	89.
		Joseph	96.
	Ducerqueil	Roy Le Fene	36. 74.
	Ducket	Jacob	47.
		Joseph	47.
	Dudley	Thomas	55. 56. 62. 86.
		Edward	56.
	Duesto	Jesse	96.
	Duff	David	11.
		William	75. 102.
	Duffield	Anthony	35.
		Samuel	82.
	Duggans	Richard	15. 27.
		William	101.
	Duggers	Julius	62.
	Duke	Thomas	27. 61.
		Edmund	47.
		Robert	61. 62. 87.
	Dukes	Benjamin	5.
		William	27. 62.

95

Entry Book Pages.	Names.		Nos. Returns.
		Joseph	44.
		Major	112.
	Dulin	Henry	108.
N. B. See Dummons at the end of the Duns and Dumpard.			
	Dunbar	William	40. 44.
	Duncan	John	10. 46.
99.		James	10. 47. 101. 116.
		Moses	114.
	Dunkin	Samuel	14.
		George	44.
		James	44. 85.
		John	44. 75. 110.
		Moses	75.
	Dunklin	Joseph	44. 96.
	Dunalow	Daniel	96.
	Dunlap	David	10.
		William	11. 22. 75. 102. 116.
		Samuel	22. 27. 84.
		James	22. 34.
		Thomas	27. 114.
		George	27.
		Robert	34. 46. 89.
		John	34. 46.
		Benjamin	62.
	Dunn	Alexander	5. 115.
		James	11.
		William	14. 50. 56.
		Joel	45.

Entry Book Pages.	Names.		Nos. Returns.
		David	61.
240.		Roger	—
	Dunnam	John	5. 40.
		& Burn	5. 40.
		James	10. 11.
		Isaac	11.
		Joseph	15. 24.
		Ebenezer	40. 61.
	Dunnavan	——— Mr.	117.
	Dunning	John	61
	Dunwell	Robert	62.
	Dumons	Jonas	3.
	Dumpard	John	77.
	Dupont	Gideon	1.
		& Cornelius	2. 8.
		Josiah	8. 79.
		Charles	27. 38.
	Dupree	Lewis	5.
		Samuel	5.
	Dupuis	James	14. 15. 17. 88.
	Durby	William	110.
	Durin	George	2.
		John	3.
	Durn	Elizabeth	51.
	Durand	James	5.
		John	5.

Entry Book Pages.	Names.		Nos. Returns.
		Thomas	9.
		Levi	14. 40.
		Henry	96.
	Durham	Charnell	15.
		Arthur	46.
		Stephen	46.
	Dutarque	Lewis	5.
	Dutoutle	John	61.
Deeva see Dewa.			
	Duval	Michalel	28.
		William	46.
		Lewis	47
	Dwight	Samuel	5. 65. 92.
	&	Townes	5. 79.
		Nathaniel	96.
	Dyals	John	55.
		Henry	55. 62.
		William	55.
	Dye	John	11.
	Dyer	John	62.
	Dyke	Michael	62.
	Dysert	Cornelius	27. 38.
	Dyson	James	47.
		Daniel	47.
		Isaac	47.
	Dyzell	James	76.

Entry Book Pages.	Names.		Nos. Returns.
	Eachison	John	15. 56.
	Eady	Henry	61.
	Eadey	James	22.
257.........	Eagan	John	
	Eager	John	28.
	Eakin	Alexander	11.
	Eakins	Archibald	80.
		George	108.
44.	Earle	Samuel	9. 104. 108.
		Baylis	22. 74. 102. 103. 109. 114.
		John	74.
	Early	Andrew	8. 56.
	Earnest	Jacob	75.
	Easley	John	75. 93. 114.
		Millington	114.
	East	Josiah	46.
	Easterling	Henry	23.
		John	61.
	Easterwood	Laurence	75. 80. 108.
	Eastland	Thomas	75.
	Easton	William	92.
	Eaton	Isaac	102.

Entry Book Pages.	Names.		Nos. Returns.
	Ebting	Barbara	75.
		Jacob	75.
	Eckell	William	34. 61.
	Eddins	Benjamin	28. 74.
		William	28.
		John	28.
	Eddingfield	William	76.
		David	76.
	Edds	John	28.
	Eddy	Daniel	38.
		Henry	46.
	Edens	John	5.
	Ederton	James	117.
	Edmanson	Joseph	1.
		Thomas	2. 115.
		Jacob	14.
		Isaac	74. 75.
	Edmiston	Moses	15.
		David	28. 40.
		John	32. 107.
		Samuel	45.
	Edmunds	David	69.
	Edwards	Robert	3.
		& Co.	3. 62.
		John	5. 46. 89. 99.
		Ann	24.
		Abel	24.
		Andrew	28.

Entry Book Pages.	Names.		Nos. Returns.
		James	32.
		William	56.
		Samuel	74.
		David	75. 115.
		Josiah	110.
	Egan	William	34.
		Thomas	62.
		John	89.
	Eigelherger or burger	George	74. 93.
		John	75. 104.
	Eikester	Mary	20.
	Elam	John	51.
	Elder	James	74. 75. 114.
		Thomas	94. 114.
		John	94. 114.
		William	94. 114.
		Alexander	102.
		Samuel	114.
	Elders	John	56. 61.
	Eleazer	Stephen	20.
27.........	Elholm	George	5.
	Elks	James	5.
	Elkins	John	2.
		Ann	2. 15.
		Johnston	49.
		William	123.
	Ellerbie	William	23.
		Thomas	24. 84.

Entry Book Pages.	Names.		Nos. Returns.
	Ellerson	Robert	93.
	Elliott	William	1. 2. 10. 11. 23. 28. 44. 47. 87.
		Thomas	1. 87.
		Sabina	3.
		Bernard	9. 22. 27.
		Benjamin	10. 44.
		James	10.
		Andrew	10.
		Charles	15. 22. 85.
		Estate of	17.
		Samuel	22.
		Arthur	28.
		John	112.
		Daniel	116.
65......................		Robert	—
	Ellis	William	10.
		Elizabeth	17.
		Benjamin	56.
		Richard	34. 73.
		James	83.
	Ellison	Robert	24. 92.
		Elizabeth	27.
		Charles	40.
	Ellmore	Stephen	110.
	Ellwine	John	110.
56.........	Elsey	Lewis	—
115. 119. 129. 146. 149. 154.	Elsinore	James	—
	Elyezar	Jacob	110.

Entry Book Pages.	Names.		Nos. Returns.
	Emanuel	Joseph	62.
	Embry	William	38.
	Emeigh	Henry	110.
	Emery	Stephen	46.
	Endsworth	William	112.
	England	Thomas	5.
		William	5. 28.
	English	John	9.
		Thomas	14. 44.
		Joshua	45.
	Enloes	Enoch	10.
		Isaac	11.
	Enlow	Deeson	3.
	Enoe	Jacob	50.
183.........	Enslie	John	—
	Entrican	William	46.
		Thomas	47.
	Ephart	Adam	45.
	Erskine	George	28.
	Ervin	Elizabeth	5.
		John	5. 73.
	Erwin	William	11.
		Joseph	22.
		Samuel	96.

Entry Book Pages.	Names.		Nos. Returns.
	Eshworth	Benjamin	74.
	Estridge	Burdit	50.
	Ethridge	Benjamin	50.
		Henry	50.
		Lett	50.
		Samuel	50.
	Etson	James	50.
		John	50.
	Evans	George	1. 3. 14. 23.
		Josiah	1. 3. 24. 96.
		Charles	1. 14. 23. 56.
		William	2. 8. 50.
		Jacob	2.
		Barnwell	8.
		John	10. 23. 24.
		Owen	10.
		Richard	11. 34. 41.
		Elizabeth	14.
		Isaac	15.
		Thomas	23. 96. 121.
		Benjamin	23.
		Ezer	24. 96.
		Enoch	24. 96.
		Samuel	24.
		Nathan	27. 110.
		James	28.
		Ezekiel	28.
		Henry	86.
		Robert	93.
		Jebeus	114.
		Nathaniel	50.
239............		David	—
	Eveleigh	Nicholas	1.
		Thomas	9. 38.

Entry Book Pages.	Names.		Nos. Returns.
	Everhart	Thomas	20. 40.
		Godfrey	44.
	Evert	Bright	3.
	Every	James	75.
	Ewbanks	John	112.
	Ewing	Robert	15.
		William	15. 116.
		Samuel	40. 46. 47.
	Ezel	John	22.
	Fagan	John	88.
	Faile	Lewis	8.
		Thomas	44.
	Fair	Isham	85.
	Fairbairn	Alexander	47.
	Fairchild	John	20. 119.
		Richard	62.
	Fakes	Thomas	46.
	Falker	Jacob	117.
	Fanny	John	99.
	Fardo	George John	62.
	Faries	William	10. 11.
		John	10. 96.
		Robert	10. 11. 90. 112.

Entry Book Pages.	Names.		Nos. Returns.
		Caleb	10.
		Alexander	10.
		James	11. 95.
		Thomas	11.
	Faris	Levi	10.
		Isaac	11.
		Arthur	84.
		Alexander	11.
		Robert	74.
	Farmer	Zachary	24.
		William	28. 46.
		Shadrack	112.
		Ezekiel	112.
		John	112.
	Farned	Hannah	3.
	Farr	Thomas	1. 2. 44. 61.
		John	62.
		William	75. 102.
	Farragut	George	2.
	Farrar 207. 225. 240..	Field Thomas	1. 8. 74. 75.
121.........	Farrow	Thomas	15. 74. 114.
		Samuel	109. 114.
		John	114.
		Landon	114.
	Fatheree	Benjamin	41. 83.
	Faulk	James	62.

Entry Book Pages.	Names.		Nos. Returns.
	Faulkenberry	Jacob	34.
		Robert	62.
	Faulkner	Thomas	15. 83.
		John	24.
	Favers	Theophilus	15.
	Feast	James	35.
	Feaster	Andrew	27.
	Featherston	Richard	93.
	Feemster	John	11. 96.
		Joseph	11.
	Feigge	Christian	61.
	Felder	Henry	8.
		Samuel	8. 62.
		Sarah	40.
		John	40.
		Fredrick	56. 93.
		Abraham	62. 119.
102.	Feliston	John	—
	Felitz	Frederick	119.
	Felker	Jacob	110.
	Fell	John	62.
	Feltman	George	75. 105.
	Felts	John	17.

Entry Book Pages.	Names.		Nos. Returns.
	Fendera	John	50.
		William	50.
	Fennel	Stephen	22. 27.
	Fenwicke	Edward	3. 61.
		John	17. 62.
	Fergus	John	11.
		William	11.
		James	93.
	Ferguson	Thomas	2. 3. 14. 22. 34. 61. 111.
		William	3. 22. 27.
		Artimus	5. 86.
		James	10. 22. 55. 89.
		Samuel	10.
		Elizabeth	10.
		Paul	10.
		Mary	10.
		Moses	11. 73.
		Hugh	56. 93.
		John	56. 61.
		Benjamin	82.
		Alexander	85.
		Robert	92.
		Joseph	93.
		David	110.
21.	Ferrall	William	—
	Ferril	Thomas	10.
	Fery	William	96.
75.	Fewox	Joshua	44.

Entry Book Pages.	Names.		Nos. Returns.
	Fields	John	10. 46.
		William	23. 75. 86.
		Samuel	24.
		Luke	50.
		Abraham	65.
		Reading	78.
		Thomas	96.
	Fileno	Peter	23.
	Files	John	28.
		Adam	28.
		Jeremiah	28.
X	Finches, Fontius) or Funches)	Sebastian	21. 44. 119.
	Findley	Uzza	46.
		Paul	46.
		Charles	46.
		Norris	46.
		John	46.
		James	47.
	Finkler	Thomas	5.
	Finkley	Charles	5. 56.
	Finlay	James	28.
		Matthew	82.
	Findley	John	11. 28. 45. 62.
	Finnell	Ambrose	114.
	Finney	Michael	28.
		James	46.
		John	46.

Entry Book Pages.	Names.		Nos. Returns.
		Robert	46.
87.		George	—
	Furman	Wood	5.
		Josiah	9.
32.	Firmer	Benjamin	—
	Fishburn	William	2. 3. 5.
		Bailey Richard	44.
	Fisher	Sarah	44.
		James	100
x	Fincher	John	44.
		Francis	45. 75. 83.
		Armil	111.
	Fitchett	Jonathan	96.
	Fitts	John	44.
		Michael	92.
	Fitzgerald	Charles	50.
		Philip	61.
	Fitzpatrick	Wiliam	1.
		James	24.
		Peter	78.
		Edmund	117.
	Fitzsimmons	Christopher	9.
	Flack	William	40.
107.	Fladger	Charles	5. 40.
16.	Flagg	George	2.

Entry Book Pages.	Names.		Nos. Returns.
	Flake	John	50.
	Flanagan	Mrs.	24.
		Reuben	47.
	Flariday	Morris	96.
	Flegat	Mulger	20.
	Flegle	Melker	119.
	Flemming &	Lonsdale	5.
		James	5.
		Elizabeth	5.
97. 161....................		John	5. 10. 55.
		Alexander	10. 15. 62.
		William	10. 14.
		Elijah	10. 11.
		Robert	11.
		Bailey	62.
	Fletcher	William	40.
		John	44.
		Henry	88.
	Flin or Flynn	James	46. 75. 106.
	Flint	William	38.
	Flood	William	1. 62.
	Flowers	Joshua	22.
		John	24.
		Henry	44. 55.
		Archibald	56.
	Floyd	Samuel	3.
		Francis	5.

Entry Book Pages.	Names.		Nos. Returns.
		Ebenezer	28.
		William	44. 74. 108.
		Enoch	74. 112.
		Alexander	108. 114.
		John	112.
	Foast	Mrs.	17.
	Fogle	Barbara	20.
	Foley	Mason	22.
	Folmer or	John	90. 102. 110.
	Fulmore	Jacob	90. 110.

See Fonches under Foster

	Fontaine	John	14.
156......................		Valentine Nicholas	—
	Fooshe	Nathan	50.
	Foot	Samuel	93.
	Footrice	John	110.
	Forbes	Joseph	11.
		John	11.
		George	28.
		Patrick	28. 74.
		William	28.
		Edward	28.
		Collin	62.
	Ford	Lucy	2.
		Stephen	5. 106. 110. 125.
		George	5. 40. 84.

Entry Book Pages.	Names.		Nos. Returns.
		Gardner	8. 56.
	&	Snipes	15.
		Daniel	22. 45.
		Albert	24.
		Edward	28.
		Thomas	34. 50. 110.
		Malachi	38.
		Tobias	38.
		Robert	46.
		Henry	46.
		John	50. 62. 74. 75. 114.
		Elisha	51. 109. 114.
		Hezekiah	55.
		Nathaniel	56.
		Mary	61.
		Isaac	84.
		James	102. 110.
		Bowland	110. 112.
		Elijah	110.
145...............		Milton	—
32.	Fordon	James	—
	Foreman	George	50. 55.
		Isaac	50.
		Jacob	50. 55.
		Arthur	55.
		William	55.
	Foreshaw	Edward	14.
	Forkner	Isaac	120.
	Forness	William	92.
	Forrester	Solomon	109. 114.
	Forris	George	50.

Entry Book Pages.	Names.		Nos. Returns.
	Forssin	Peter	22.
	Forsyth	William	14. 62.
		John	38.
		James	56.
		Joseph	121.
	Fort	Moses	23. 96.
		Egebert	23.
		Arthur	50.
		Owen	50.
		Jesse	61.
20. 26. 27. 56. 70. 78. 81. 85. 103. 108. 115. 123. 132. 146. 148. 151. 157. 160. 162. 166. 187. 189. 192. 226. 234. 241.	Johnston		—
	Foskey	Bryan	56. 61.
	Foster	John	9. 27. 28. 66. 74. 75. 107. 112.
		Henry	22. 27. 38. 50. 96.
		Andrew	27.
		Samuel	28.
		James	28.
		Alexander	28.
		Robert	28.
		Moses	74. 114.
		Isham	114.
	Fonches	Catherine	21.
	Fountain	William	24. 92.
		Jemima	40.
		Peter	56.
		Paul	109. 114.
	Founton	Zouston	119.

114

Entry Book Pages.	Names.		Nos. Returns.
	Fouracres	John	50.
	Fournea	Andrew	99.
	Foust	William	61.
		Casper	61.
		John	61.
	Fowler	James	11.
		Richard	46.
		John	46.
248......................		William	46.
		Samuel	114.
	Fox	Joseph	5.
		John	28. 121.
		William	62.
	Foxworth	James	34. 35.
		Samuel	44.
		Job	55.
		Zachariah	56.
	Foy	Peter	50.
	Fralick	Martin	110.
X	Francis	John	27.
64.........	Francum	Francis	—
X	Francisco	John	8
	Frank	George	82.
	Franks	Samuel	46. 50.
		Marshall	46. 47.
		Nehemiah	47.

Entry Book Pages.	Names.		Nos. Returns.
	Frankland	Thomas	55.
	Franklyn	Benjamin	14. 50.
		Thomas	15. 44.
		Ephraim	50.
		George	50.
		John	55. 62.
		Joseph	102. 112.
		William	112.
	Frazer	Alexander	1. 2. 8.
249.		James	5. 50.
		Thomas	5. 87.
		John	24. 51. 110.
		William	28. 40. 50.
		Robert	28.
		Andrew	40.
		Jacob	40.
		Malachi	50.
		Dial	50.
		Ann	84.
	Frederick	John	20.
		James	21. 50.
		Peter	21. 119.
		Andrew	21. 116. 119.
		Thomas	78.
	Free	Jacob	3.
	Freeman	James	5. 88.
		Christopher	15.
		Joel	23.
		William	43.
		Thomas	50.
		Hugh	75. 94.
		Henry	93.

Entry Book Pages.	Names.		Nos. Returns.
Freer	John		2.
	Charles		2.
French	Joseph		61. 114.
	Michael		90. 109. 114.
	Simon		114.
	Lifford		114.
	Josiah		—
	William		114.
Friday	John		119.
Fridig	Gabriel		20.
	Martin John		20.
	Jacob		119.
Friend	George		38.
Frierson	Robert		1. 2. 44.
	Thomas		2.
	William		5. 44. 56.
	Isaac		5.
	James		9. 34. 44.
	John		9. 34. 87.
	Philip		20. 62.
	George		22. 40. 56.
	Joshua		44.
	Absalom		44.
Frink	Jabesh		5.
	John		5.
	Samuel		5.
Fripp	William		1. 44. 88.
	John		1.
	Paul		1.
Frisell	Gale John		52.

Entry Book Pages.	Names.		Nos. Returns.
	Frish	Charles	40.
		Wm. Charles	56.
	Fritts	Henry	110.
	Frizell	Nathan	86.
		Thomas	88. 92.
	Frost	Peter	10. 22.
	Fry	N. John	55.
	Fryer	Drury	24.
		John	114.
	Fudge	Solomon	50.
		John	50.
		Jacob	50.
	Fulgham	John	8.
	Fuller	Benjamin	14. 15. 40. 61.
		Whitmarsh	15. 40.
		John	24.
86. 125. —	Fullerton	James	5. 78.
		Robert	11.
		John	62.
	Fulton	John	11.
	Fullwood	William	40. 55. 56.
	Funderburg	Anthony	44.
		Henry	79.
		Develt	93.
	Furlow	Samuel	90. 112.

Entry Book Pages.	Names.		Nos. Returns.
	Furniss	William	24.
	Furr	George	75.
		John	110.
	Futch	Blunt	55.
	Futhey	Robert	34. 125.
		Henry	35.
	Fyffe	William	5.
		David	32.
	Fynch	Daniel	114.
	Fulton	Thomas Estate see check book X p 3928 £34.5.8	
	Gaby	John	10.
		Robert	10.
		Joseph	11.
	Gaddis	Christian	5.
		Christiana	87.
	Gadsden	Christopher	125.
	Gage	William	50.
		Moses	50.
		James	114.
	Gainey	William	23.
		John	23.
	Galbraith	John	3.
	Galey	Samuel	10
	Gallevant	Richard	3.

Entry Book Pages.	Names.		Nos. Returns.
	Galley	James	28.
	Gaillard	Theodore	3. 56.
		Charles	34. 35.
		John	79.
	Gallihon	Martin	46.
	Gallihor	John	44.
	Galloway	Peter	22.
		Absalom	24.
		Abraham	24.
		Alexander	27.
		William	27.
	Gamble	John	5. 22. 47.
		William	5. 45. 56.
		Robert	5. 56.
		Samuel	28. 44. 86.
		Stephen	44.
		Hugh	44. 78.
		James	44. 47.
	Gamel	James	75.
	Gandy	John	23.
	Gant	Israel	75.
	Garbet	George	50.
	Garden	Benjamin	2. 61.
		Mrs.	75.
	Gardiner	Robert	8. 44.
		John	11. 62. 75.
		Joshua	23.
		William	24.

Entry Book Pages.	Names.		Nos. Returns.
		Stephen	24. 93.
		Conway	28.
		Lucy	47.
		Daniel	84.
	Gardon	Joseph	117.
	Garey	Charles	47.
		Peter	125.
	Garland	William	22.
	Garlington	Christopher	3.
	Garman	James	112.
	Garner	William	2.
		Melchor	2. 22.
		Samuel	22. 50.
		John	23. 24.
		Richard	28.
	Garnet	Thomas	5.
	Garnier	John	5. 8.
	Garrett	James	5.
		Benjamin	5.
		John	79.
	Garret	Thomas	11.
		John	27. 50. 112.
		James	27.
		Abraham	40.
		William	44.
		Edward	46.
		Catlett	50
		Jacob	112.

Entry Book Pages.	Names.		Nos. Returns.
	Garrineau	Peter	28.
	Garrison	John	11.
		Benjamin	11.
	Garrington	Christopher	56.
	Garvey	James	44.
		Michael	56.
	Garvin	John	9. 55. 61. 62. 86.
		Edward	15. 16.
		William	62.
	Gary	Bayley William	62.
	Gaskins	Ezekiel	5.
		John	78.
		Rosean	117.
	Gasque	Thomas	62.
	Gassert	John	44.
	Gaston	Ebenezer	10. 112.
		David	10. 11.
		Joseph	10. 11. 87.
		James	11. 74. 75. 112.
		Hugh	11. 87.
255......................		William	11. 114.
		John	11. 89.
		Robert	11. 96.
		Alexander	11. 112.
		Thomas	55. 86.
	Gates	Christian	44.
		Jacob	44.

Entry Book Pages.	Names.		Nos. Returns.
	Gault	Robert	112.
		Joseph	112.
		William	112.
	Gauze	Bryant	5.
		Benjamin	5. 87.
	Gavin	Charles	89.
	Gaw	John	28.
	Gay	William	10.
	Gayden	John	78.
	Gayle	Josiah	2. 3.
		Ambrose	2.
		Ransom	5. 62.
		Christopher	14.
32.	Gaymon	Christopher	2.
	Geary	John	46. 47.
		Thomas	46. 47. 75.
	Geather	Thomas	10.
		Richard	11.
	Gebie	Joseph	96.
	Gee	Charles	45.
	Geewin	Christopher	24.
See	Gemien		
	Geiger	Abraham	20. 115.
		John	40. 75. 110. 119.
251......................		Jacob	44.
		Tobias	110. 119.

Entry Book Pages.	Names.		Nos. Returns.
	Gemien	Christopher	44. 116.
See	Geewin		
	Geno	Gousaint	8.
	Gensell	John	15.
	Gentry	Cain	28.
		John	50.
		Elijah	50.
		Simon	50.
		Richard	80.
	Geoghegan	Ignatius	1.
	Goeffers	George	22.
		Allen	34.
	George	David	3. 112.
		Edward	5.
		Jesse	24.
		Richard	24.
		John	46. 75. 112.
	Gerardeau	B. Peter	86.
	Gerralo	Gabriel	8.
	Gerridot	Charles	61.
	Gervais	Lewis John	41. 55. 56. 100.
		& Williamson	100.
	Geeseling	Charles	112.
		William	112.
	Getty	Henry	50.
	Geyer	John	1.

Entry Book Pages.	Names.		Nos. Returns.
	Gibbes	Robert	3. 8. 61. 89. 111.
		Hazell William	22. 62.
		Richard	55. 75. 108.
		Ezekiel	62. 112.
32. 86....................		Jeremiah	62.
		Thomas	78.
		James	79. 80.
		Jonathan	80. 108.
		William	93.
		Shadrack	108.
		John	114.
	Gibbons	Michael	15.
		Joseph	62.
32......................		Robert	—
	Gibert	Peter	28.
	Gibson	Thomas	5. 75.
		James	5. 11. 22. 62. 121.
		William	5. 28.
		Matthew	10.
		Guyan	11.
72.		John	11. 62.
		Phinehas	14.
		Robert	22. 28.
		Luke	22.
		Gideon	23.
		Jordan	24.
		Roger	24.
		Jacob	40.
		Elizabeth	50.
		Elias	50.
		Joseph	56. 62.
		Isaac	62.
		Gilbert	62.
		David	50.

Entry Book Pages.	Names.		Nos. Returns.
	Giddins	Isaac	8.
		James	56.
	Gilbert	Moses	5.
		John	17.
		Uriah	23.
		James	46.
		David	46.
		Caleb	47.
		Jonathan	75.
	Gilchrist	John	5.
	Gilham	William	74.
	Gilkey	Samuel	74. 112.
	Gill	James	10. 11.
		John	10. 62.
		Thomas	10. 11.
		Robert	10. 11. 89.
		Archibald	11.
		George	11. 45.
	Gillam or Gillem	Charles	10.
		Isaac	10.
		Thomas	10. 11.
		Jacob	10.
		James	11. 46.
		Ezekiel	11.
		Robert	46. 47.
		Joshua	46.
		John	102.
		William	112.
	Gilland	James	93.
	Gillebeau	Andrew	32.

Entry Book Pages.	Names.		Nos. Returns.
	Gillelan	Eleanor	15.
	Gillem	James	102. 106.
		John	106.
	Giles	Hugh	5. 14.
		Robert	28.
49......................		Thomas	40. 41.
		Othniel	40. 41.
		John & Son	41.
		Abraham	45. 93.
		William	75. 104.
		John	93.
	Gillerd	John	1. 8. 15.
	Gillespie	Alexander	11.
		John	22.
		James	24. 28. 114.
		Matthew	28. 46.
		Daniel	28.
		Andrew	28.
		William	28. 46.
		Samuel	114.
	Gillet	Elijah	3.
		Aaron	3. 15. 55. 56.
	Gillisson	Derry	1. 8.
		James	28.
		Archibald	28.
257.	Gillon	Alexander	93.
	Gilmore	Charles	10.
32.		James	15. 75.
		Edward	24.
		Joseph	27. 114.
		Francis	114.

Entry Book Pages.	Names.		Nos. Returns.
	Gin	Abraham	50.
		Meshach	56.
	Gindrat	Henry	15. 22. 50.
		Abraham	56. 62.
	Gipson	Henry	79.
	Giroud	David	17.
62.	Gissendaner	Henry	44. 119.
	Gissintanner	Henry	20.
	Gist	Sarah	84.
	Givens	Daniel	10. 11.
		John	10.
		William	11. 45.
		James	62.
	Givham	Philip	44. 83.
	Gixson	Samuel	75.
	Gladden	John	15.
		William	15.
		Jesse	15.
		James	62.
	Gladney	Richard	22.
		Samuel	62.
	Glanden	Stephen	8.
	Glanton	John	50. 51.
		Jonathan	50.
		Christopher	50.

Entry Book Pages.	Names.		Nos. Returns.
		Lewis	50.
		Benjamin	50.
	Glase	Samuel	73.
	Glasgow	John	28. 46.
	Glass	Joseph Alexander	5.
		James	10.
		Joshua	27.
x	Glauser	Nicholas	50.
	Glaze	John	15. 56. 123.
		Thomas	62.
		Gideon	62.
	Glazier	John	61.
	Glecklar	John	50.
		Jacob	50.
	Glegg	John	93.
	Glen	John	5. 10. 46. 75.
		James	46.
		Joseph	46.
		Robert	46.
		William	111.
	Glendinning	David	3.
x	Glosser	Nicholas	115.
x	Glossom	Nicholas	9.

Entry Book Pages.	Names.		Nos. Returns.
	Glover	Joseph & Charles	1.
		Joseph	1. 5. 44. 125.
		Charles	2.
		Margaret	3.
		William	10.
		John	50.
		Frederick	50.
		Drury	50.
165.		Sanders	—
	Glynn	David	74. 75.
		Thomas	96.
	Gnoddy	John	108.
	Goode	Robert	75.
	Goan	Gideon	100.
	Goates	Philip	84.
	Godbold	James	56.
		Zachariah	62.
	Goddard	Francis	3. 5.
	Goddin	Ann	3.
x	Goebell	John	61.
x	Godfrey	Wilson	5.
		John	84.
		William	92.
69.		Benjamin	96.
	Goff	John	5. 92.
	Goin	James	9.

Entry Book Pages.	Names.		Nos. Returns.
	Golding	Susannah	9.
		Peter	24.
		Richard	46.
		Anthony	47. 62.
		Reuben	47.
		John	47. 93.
		William	110.
	Goldman	Harman	50.
		Curry	50.
		Casper	50.
	Golightly	David	74. 75. 114.
		William	75. 114.
		Thomas	75.
		Hugh	114.
		John	114.
		Hans	114.
	Golson	Lewis	8. 21. 40. 119.
		John	40.
	Gontea	James	5.
	Gooch	Claborn	75.
	Goock	John	24.
	Good	Robert	10. 75.
		Henry	10.
		Thomas	10.
		John	11.
		Adam	15.
		McErness	50.
		Samuel	51.
	Goodall	Alexander	34.
	Goodbey	William	50.

131

Entry Book Pages.	Names.		Nos. Returns.
	Goodin	Lewis	35.
	Gooding	Lewis	24.
		David	24.
		Britton	24.
	Goodlet	William	90. 114.
		John	90.
		David	114.
	Goodman	Henry	5. 62.
		William	15. 46.
		David	23.
		Benjamin	46.
		James	46. 75.
		Joseph	50.
	Goodrum	Allen	15.
		John	15. 55.
		Thomas	15.
	Goodson	George	23.
		James	24.
		Thomas	24.
		Arthur	24.
		William	24.
	Gootsberry	Gin	88.
x	Goze	Rachel	14.
		James	15. 27.
		Elisha	22.
		John	27. 75.
		Manning James	27.
		Michael	27.
		Eleazer	27.
		Margaret	82.

Entry Book Pages.	Names.		Nos. Returns.
	Gorey	John	74. 75. 94. 110.
		Daniel	75.
		Claudius	94.
		Josiah	94.
32 x	Goodwin	William	9. 22. 44. 62. 73. 112.
		Francis	14. 45.
		Robert	22. 27. 61. 62.
		Davis William	24.
		Harris	46.
97.....................		Abel	55.
		Jesse	56.
		John	62. 75. 112.
		Howell	62.
		George	75.
		Lewis	85.
		David	96.
		Uriah	22.
x	Gordon	John	5. 28.
		Roger	5.
		Alexander	9. 24. 86.
		James	10. 14. 61. 84.
		Samuel	10. 11.
		Moses	14. 96.
		William	22. 23. 100. 112.
		Nathaniel	22.
		Patrick	50.
		Thomas	62. 74. 75. 112.
		George	74. 112.
		Govin	75. 106.
		Benjamin	110.
		Capt. Est.	112.
	Gorman	William	35. 55.
		Reynolds	50.
		Rene	61.
		John	93.

Entry Book Pages.	Names.		Nos. Returns.
	Gormer	John	51.
120.........	Gortman & Gartman	George	44. 119.
		Bartholomew	74. 75. 90. 110.
		Philip	90.
		John	75. 90.
		Daniel	75.
	Gossert	Isaac	2.
	Gossett	Isaac	45.
	Gotee	Henry	86.
	Gouge	Joseph	5.
		John	5.
	Gough	Richard	5. 15.
		John	15. 27.
		Nathaniel	50.
		Francis	50.
	Gould	William	75.
		Henry	75.
	Gourdin	Theodore	38.
		Theodore & Peter	56.
222.....................		Samuel	—
	Gourley	Joseph	3.
		Hugh	75. 94. 112.
		John	93.
	Gowdey	Robert	75.
	Gowdylock	Adam	75.
		Davis	112.

Entry Book Pages.	Names.		Nos. Returns.
	Gowen	John	74. 75. 114.
		David	114.
		Edward	114.
	Goyen	John	15.
		William	15.
		Henry	15.
		Daniel	15.
	Gracen	John	92.
	Grad	William	110.
	Graff	Henry	75.
45. 83.	Graham and Grame	William	1. 2. 3. 5. 34. 38. 111.
		Ann	2.
		David	2. 8. 40.
110......................		John	5. 61.
		George	5.
		Hugh	5.
		Andrew	15.
		Arthur	15. 40.
		Charles	15.
		James	32. 86.
		Sarah	92.
		& Phillips	93.
	Graims	Henry	62.
	Grant	James	73.
		William	74. 75. 112.
	Grasty	Scharshall	56.
		John	102. 106.
	Gray	Andrew	14.
		John	14. 46. 50. 75. 93.

Entry Book Pages.	Names.		Nos. Returns.
		James	15. 32. 55. 82. 86.
		Robert	15.
		Mary	22.
		Solomon	22.
		William	22. 32. 46.
		Arthur	28.
		Abraham	47.
		Fontaine	62.
		Jacob	88.
		Frederick	102.
	Graybill	Henry	50. 83. 84.
177.........	Grayson	Thomas	—
52.	Greaves	John	5. 96.
		Joseph	5. 96.
		Francis	5.
		Lewis	24.
		Richard	24. 61.
		William	40.
		James	40.
		Bashion	62.
	Gregg	John	5. 8. 27.
		Hugh	5.
		James	23. 100.
		Henry	90.
6.	Gregory	James	—
		Jonathan	15.
		Henry	61. 62.
		Robert	74. 75. 104.
		Isaac	74. 75. 103.
		Jeremiah	94. 104.
		John	104.
		Benjamin	104.
		Jerret	112.

Entry Book Pages.	Names.		Nos. Returns.
	Green	Mary	2.
		Thompson John	3.
		Francis	5. 44.
		Richard	5. 38. 62.
		Daniel	10. 11.
		Abraham	15.
		Isaac	15.
		William	20. 27. 28. 55. 56. 62. 110. 119.
		Lewis	24.
		Benjamin	28.
		Robert	28.
		John	32. 93. 96.
		Joseph	34.
		Shadrach	50.
		Peter	51. 75.
		Bryant	51.
		Jacob	56.
		Moses	62.
		Thomas	75. 96.
157......................		Elisha	75. 112.
		Drury	88.
		James	93.
		Nathan	96.
	Greenwell	Mary	40.
	Greenwood's	Wharf	38. 41.
	Greer or Grier	Samuel	5. 121.
		Joseph	5. 46.
		James	5. 10. 11.
		Robert	10.
		William	11.
		John	46.
		Isaac	46.
		Josiah	46.
		Thomas	75.

137

Entry Book Pages.	Names.		Nos. Returns.
	Gresham	John	8. 9.
	Grice	Thomas	89.
	Grieve	John	2.
	Griffin	Edward	1. 2.
		Samuel	11.
		Morgan	14.
		Ralph	11.
		William	22. 28. 46. 47.
		Mary	23.
		Lane	28.
		Randol	28.
		James	28. 75.
		Robert	32.
		Jonas	44.
		Anthony	46.
		Joseph	46.
		Charles	47.
		Richard	47. 75.
		John	50. 75.
		Fanny	50.
		Benjamin	62.
		Farnafall	62.
		Ignatius	80. 114.
32.		Lewis	—
	Griffiss	John	88.
		Edward	115.
	Griffith	John	1.
		Joshua	21.
		David	24. 110.
		Ezekiel	46.
		Benjamin	46. 56. 62.
		Nicholas	50.
		Wells	75.

138

Entry Book Pages.	Names.		Nos. Returns.
		William	75.
		Edward	85. 86.
		Joseph	24.
	Griger	John	21.
	Grigg	Henry	44.
		Daniel	74. 114.
		Samuel	87.
	Grigsby	Enoch	50.
	Grin	John	90.
	Grimball	Sarah	15.
		John	16. 17. 38.
		Thomas	62.
	Grimes	James	9. 23. 93.
		Isaac	15.
		Nathan	21. 119.
		Hugh	28.
		William	114.
		David	114.
	Grimkie	Fauch'd John	3. 78.
		Frederick	38.
	Grimsley	George	1.
		Elijah	32.
		John	50.
	Grindle	John	75.
52.	Grinnenger	Christian	—
x	Griner	John	62.
		Philip	78.

Entry Book Pages.	Names.		Nos. Returns.
	Grisham	Drury	27.
	Grissel	Joseph	114.
	Grizel	George	114.
	Grisson	William	15. 73. 79.
		John	56.
	Groins	Drury	27.
	Gross	Jacques	55.
	Grosset	John	22.
	Grossman	Lewis	20. 119.
82.........	Grotte	Francis	62.
	Groves	Edmund	112.
	Grub	Enoch	22. 87.
62.........	Gruber	Samuel	1. 73.
		Philip	3.
	Guerard	Jacob	1. 2.
		Joseph	2.
8......................		Benjamin	3.
		John	44.
130......................		Goddin	—
	Guerin	James & Peter	5.
	Guess	Henry	50.
	Guignard	Gabriel John	1.

Entry Book Pages.	Names.		Nos. Returns.
	Guilder	Jacob	46. 110.
		Reuben	89.
		Gilbert	110.
	Guinn	Richard	39.
	Guisselhart	John	110.
	Guiton	Richard	46.
		Moses	74. 75. 102. 106. 107. 112.
		Nathaniel	75.
		Joseph	75.
		Aaron	112.
	Gunter	William	46.
		Charles	46.
	Guphill	William	15.
		Elizabeth	15.
	Guthrie	Francis	10.
		Robert	27.
	Gwin	Maurice	51.
+	Haberly	David	84.
o	Hackel	John	20. 56.
	Hackins	Francis	75.
	Hadden	Robert	28.
		William	73.
79.	Haddock	Sarah	—
80.		Isaac	—
	Hadger	Charles	93. 96.

Entry Book Pages.		Names.		Nos. Returns.
93.		Hagar	Christopher	—
		Hagartee	John	10.
		Haggard	Jonadab	28.
		Haggin	James	61.
		Hagin	David	96.
—		Hagler	Jacob	20.
x		Haguwood	Bucknar	11.
		Haiden	John	75. 80. 114.
			William	75. 80.
		Haig	George	2. 3.
			James John	21. 78. 101.
		Haigler	Jacob	119.
x		Haigwood	Lewis	45.
			Henry	55.
		Hail	Henry	10.
			Benjamin	45. 61. 93.
			Ferguson	61.
			William	61. 75.
			Robert	62.
			John	75.
		Hailo	John	102. 112.
		Hainey	John	28. 40. 112.
			Robert	112.
			Thomas	114.
			Francis	123.

142

Entry Book Pages.	Names.		Nos. Returns.
	Hair	James	17.
		Jacob	119.
	Haird	John	110.
	Hairstane	John	28. 108.
o	Hakell	John	40. 119.
	Halbrook	Jacob	56.
	Hale	Thomas	83.
	Hales	Silas	31.
148.........	Hall	Elisha	2. 56.
		Andrew	2. 3.
84.....................		John	9. 11. 15. 56. 82. 93. 94.
		Howell	15.
		& Hendricks	15.
		James	22. 75. 90. 94. 112.
		William	22. 54.
		Hugh	28.
		Samuel	60.
		Matthew	74.
95. 125. 153. 172. 206. 240...		Thomas	93.
121.....................		Abbott George	—
	Halley	Robert	85.
	Halligan	James	121.
	Hallman	John	75.
		Andrew	90.
		George	90.

143

Entry Book Pages.	Names.		Nos. Returns.
	Halloway	Mark	31.
		Reuben	60.
	Hallum	William	28. 78.
		Thomas	28.
		John	32.
	Ham	Richard	39.
		Littleton	90. 112.
		McIlberry	112.
		John	112.
	Hamater	Adam	82.
56.	Hambleton	John	8. 10. 11.
		Robert	22.
		Archibald	61.
90.		William	—
	Hamel	James	11.
	Hames	Charles	75.
		John	112.
	Hamilton	Martha	2.
		John	3. 8. 11. 22. 27. 28. 56. 87.
		William	10. 11. 22. 28. 60. 74. 75.
		David	10. 11. 34. 44. 45. 55. 56.
186. 195. 222..............		James	8. 11. 44. 56. 62. 114.
		Alexander	11. 54.
		Patrick	11.
		Thomas	11. 17. 28. 32. 62.
		Samuel	11.
		Andrew	28.

Entry Book Pages.	Names.		Nos. Returns.
239...............		Archibald	32.
		Robert	40.
		Paul	56.
	or Hampton	Benjamin	60.
		Jeremiah	75. 112.
	Hammett	John	74. 80.
	Hammond	John	60. 62. 93. 96.
		Samuel	60.
		Charles	60.
		Leroy	60. 78.
		Joshua	60.
		Job	75. 104.
		Christopher	104.
		William	104.
		Martin	104. 112.
	Hampton	William	8.
Self & pay Bill		Wade	14. 15.
17, 18, 32,			
		Richard & Wade	15. 61. 85.
102...............		John	15. 55. 75. 79. 93. 110.
		Henry	27. 55. 56.
	or Hamilton	Benjamin	60. 75. 110.
		Richard	61. 62.
		Edward	74. 108.
		Joseph	75.
		Gale	114.
	Hamrick	Nimrod	110.
	Hancely	Samuel	54.
	see Hensly		
	Hancock	Thomas	5.
		John	5. 60.
		Clement	54. 111.
		William	60. 110.

145

Entry Book Pages.	Names.		Nos. Returns.
		George	62.
		Richard	106.
	Handcock	Isabella	47.
	Hanby	Jemima	54.
		Susannah	54.
	Hand	Jonathan	22. 104.
		Samuel	75. 104.
	Handley	John	62.
see	Hendley	William	62. 75. 112.
	Handlen	Benjamin	5.
		Thomas	65.
	Hane	Susannah	22.
	Hankinson	Robert	22. 27.
	Hanna	Robert	5. 10. 20. 54. 74.
		James	10. 11. 28. 47. 96.
		William	10. 11. 53. 93.
		John	11.
		Richard	14.
		Thomas	102.
	Hannover	Joseph	28.
	Hanson	Joab	120.
see	Henson		
	Harbin	William	27. 85.
	Harbirt	Thomas	45.
	Harbison	James	10. 11. 93.
		Patrick	11. 112.
		William	93. 110.

Entry Book Pages.	Names.		Nos. Returns.
	Hardaway	Joel	2.
	Harden	William	3. 15. 17.
		Charles & Edward	3.
		Edward	14.
		Charles	14.
		John	27. 54.
		Eliabeth	85.
	Hardwick	William	73. 75.
	Hardy	Christopher	54.
	Hardyman	Thomas	1.
		Hare & Dallis	65.
		Edward	85.
	Hargrove	Charles	60.
		James	60.
	Harkins	Daniel	22.
		John	59.
		Susan	59.
	Harland	George	75. 112.
		Samuel	112.
	Harlen	Elizabeth	78.
	Harleston	John	2. 8. 93. 99. 100.
		David	56.
		Isaac	61.
		Ann	96.
	Harley	Joshua	40.
		Joseph	78.

147

Entry Book Pages.	Names.		Nos. Returns.
	Harling	Samuel	60.
	Harman	John	14. 15. 96.
		Abraham	44.
	Harmon	John	75.
		Abraham	33.
		Thomas	31.
	Harper	William	8. 22. 27.
		Hance	10. 104.
		Robert	15. 104.
		Benjamin	22.
		Solomon	22.
		James	40.
		John	54.
		Samuel	61. 114.
		Thomas	96.
		Andrew	96.
		Anthony	96.
		Matthew	114.
	Harrall	Levi	31.
	Harralson	Lewis	56.
		Benjamin	62.
	Harrard	Hardy	28.
	Harrel	Jonathan	75. 110.
	Harrell	Jacob	3.
		John	9.
	Harrington see Herrington	Henry William	22.
32.		John	

Entry Book Pages.	Names.		Nos. Returns.
	Harris	Thomas	2. 3. 5. 8. 32. 96. 111. 114. 117.
		Fitch	3. 88.
		Timothy	3. 88.
		John	3. 9. 28. 56. 60. 88. 114.
		Jesse	14.
		Handy	28.
		William	32. 47. 116.
		Littleberry	44.
	Harris	Samuel	54. 112.
		Berry	54.
		Ezekiel	60.
		Moses	56. 60. 62.
		James	60. 88. 96.
		Benjamin	60. 85.
		Jenkins	60.
		Charles	61.
		Victor	62.
		David	75.
		Robert	75.
		Reuben	93.
		George	110.
		Nicholas	112.
		Jeremiah	123.
		West	114.
90.		Micajah	—
	Harrisburger	John	21.
	Harrison	John	8. 27. 44. 49.
		Thomas	10. 31. 60. 79.
		Henry	31.
		George	49.
		Reuben	56.
224......................		James	59. 75. 107.
		William	60.

Entry Book Pages.	Names.		Nos. Returns.
		Josiah	62.
		Samuel	116.
187.		Alvin	—
	Harristane	Thomas	28.
		William	32.
	Harrod	John	55. 79.
	Harrold	Lewis	5.
	Harrow	James	74.
	Harry	Thomas	31.
	Harshaw	Daniel	56.
62. 239......	Hart	Derril & Estate of Do	8. 34. 44.
		Jacob	10.
		James	15.
		William	56.
		Arthur	33. 96.
		Joseph	112.
		Aaron	112.
		Thomas	112.
43.		George.	
x	Hartfield	James	5.
	Hartgrove	Henry	114.
	Harten	Henry	62.
	Harter	Nicholas	20. 119.
	Hartley	James	5.
		Amos	5.

Entry Book Pages.	Names.		Nos. Returns.
	Hartness	Robert	11.
226........	Hartsack	Tobias	20.
	Hartstone	Joachim	55. 56. 111.
	Hartsuck	Catherine	20.
		John	21.
	Harvey	William	2. 60.
		William Jacob	5.
		Philemon	47.
		John	47.
		Berry	54.
		Joel	54.
		Charles	54.
		Blassingame	59.
		James	60.
		Seth	60.
		Evan	60.
		Baker	60.
		Richard	60.
		Thomas	83. 88.
		Henry	88.
		Absalom	117.
	Harvill	John	92.
	Harvin	Richard	15.
		John	62.
	Hasford	Samuel	44.
	Haslam	William	34.
	Haselton	Richard	34.
32....................		William	56. 62.
	Hassan	George	44.

Entry Book Pages.	Names.		Nos. Returns.
233. 234. ...	Haswell	Robert	
	Hatcher	Isom	31.
		David	33.
		Benjamin	44. 50.
		William	55. 60.
		Robert	60.
		John	60.
	Hatfield	Henry	123.
	Hathorn	James	28. 32.
	Hatter	Jacob	17.
		John	45. 62.
	Hauldewonger	John	90. 102. 110.
		George	90.
	Hauser	Elias	93.
+	Haverley	David	22.
	Havis	Jesse	44.
		John	86.
	Hawgabook	John	44.
	Hawkins	James	44. 74. 75. 78. 86.
		John	45.
		Isaac	74. 75.
		Francis	75.
		Philip	86.
		Thomas	112.
	Hawthorn	Samuel	5.
		James	10. 62.
		Robert	34.
		Joseph	35.

Entry Book Pages.	Names.		Nos. Returns.
		Adam	61.
		Benjamin	62.
		John	62.
	Hay	William	22.
		Charles	28.
		Hardy	56.
		John	62.
		David	78.
		James	110.
	Hayman	Stephen	55.
		Henry	55. 56.
		Stuton	56.
	Hayne	Isaac	61.
	Haynes	Joseph	56.
	Haynsworth	Joseph	31.
		Henry	38.
		Leden	112.
	Hays	James	20. 31.
		George	22. 75. 114.
		Matthew	22.
		William	28. 75.
		John	31.
		Jesse	34. 73.
		Joseph	47.
		Daniel	61.
		Jacob	112.
		Thomas	112.
	Haywood	Griffin	54.
	Hazell	Henry	59.
		Thomas	125.
	Hazlewood	Abraham	21.

Entry Book Pages.	Names.		Nos. Returns.
	Hazzard	William	17.
	Head	William	85.
		John	114.
	Heagin	Thomas	60. 78.
	Heaner	Widow	119
	Heape	Sarah	44.
	Hearn	John	60. 88.
	Hearrens	Frederick	33.
	Hearsman	Godfrey	38.
	Hearst	Joseph	28.
		John	28. 92.
		Robert	93.
	Heater	John	60.
	Heath	Jordan	56.
		John	56.
		Benjamin	56.
		Ethell	61. 62.
	Heathly	William	5.
62.	Heatly	William	8. 20. 21. 35. 87.
		Andrew	20.
		Robert	20.
	Heaton	James	112.
		Salatiel	112.
	Hedgewood	James	60.

Entry Book Pages.	Names.		Nos. Returns.
	Heir	John	44.
	Helms	Mabry	15.
	Helton	Isaac	56.
		Samuel	61.
	Hem	James	114.
	Hembree	Joel	75.
	Hembrerg	Drury	114.
	Hemphill	Andrew	10.
		Samuel	11.
		James	11.
		Alexander	11. 93.
	Hencock	Matthew	79.
126.	Henderson	William	2. 22. 27. 34. 47. 65. 79. 103.
		Francis	10. 11.
		Nathaniel	10. 74. 104.
105.		John	11. 81. 82. 108.
		Joseph	11. 61. 62.
		Robert	11. 55. 56. 108.
		Thomas	11.
		Archibald	14.
		Wilson	14.
		Edward	15.
		Tyree	15. 35.
		Samuel	47.
		James	47. 108.
		Alexander	79. 114.
		Gustavus	82.
	Hendley see Handley	Jesse	31.

Entry Book Pages.	Names.		Nos. Returns.
	Hendricks	Moses	27.
		Williams	31. 33.
		James	40.
		John	44.
		Obediah	112.
	Henning	Thomas	5. 125.
		Joseph	5.
	Henninton	John	56. 101.
	Henry	Malcolm	10.
		John	10. 11.
		James	11. 112.
		William	75.
		Benagar	123.
	Henson	Obediah	3. 15.
see	Hanson	Archibald	40.
	Hensly	Samuel	93.
see	Hancely		
	Hepburn	Neilson & others	5.
	Herbert	Thomas	2.
		John	40.
	Herbison	Francis	28.
	Herbour	Walter	32.
	Herd	Charles	28.
		George	28. 40.
		John	31.
		James	32.
		Armstrong	32.

Entry Book Pages.	Names.		Nos. Returns.
	Herindon	William	60.
		John	112.
	Hering	Samuel	56.
	Herndon	John	59.
	Herren	Aaron	60.
		William	96.
	Herring	William	44. 45. 75. 110.
32.		John	60.
		George	110.
		Ephraim	110.
see Harrington	Herrington	John	74.
		Drury	108. 111. 116.
	Herriot &	Tucker	1. 2.
		William	5.
		Robert	34.
	Herman	John	115.
	Herrod	John	56.
	Herron	Frederick	121.
	Herzog	Tobias	119.
	Hesse	George	92. 119.
	Hester	William	22.
		Charles	75.
	Heatherington	James	10. 11.
	Heustis	William	31.
		John	31.

Entry Book Pages.	Names.		Nos. Returns.
		James	31.
		Matthew	31.
74.		Ebenezer	87.
	Hewey	James	22. 92.
		John	38. 112.
		Joseph	112.
		Henry	112.
	Hewson	William	84.
		Elizabeth	84.
	Hext	John	8.
		Thomas	55. 56. 61. 62.
119.		William	—
	Heyward	Thomas	1. 2. 8. 16, 17. 38. 40. 41. 62. 82. 84.
		Elizabeth	15.
		Daniel	17.
		William	17. 61.
		James	62.
		John	82. 85. 101.
	Hicklin	John	56.
		William	87.
		Arthur	87.
		Isaac	101.
	Hickman	Joshua	5.
		Samuel	27. 121.
		William	31. 73.
	Hickson	John	31.
		Thomas	31. 96.

Entry Book Pages.	Names.		Nos. Returns.
	Hicks	Benjamin	27. 31. 40.
		Robert	27.
		John	27. 60. 62.
		George	31. 33. 44. 116.
		Jane	31.
		David	60.
		Esau	60.
		Joseph	60.
	Hiers	Christopher	44.
	Higgs	Isaac	22.
	High	Daniel	61.
	Hightower	Thomas	114.
	Higler	Boston	44. 45.
56.	Hilbert	Conrad	31.
	Hiles	Adam	59.
	Hill	Theophilus	3.
		Edward	5. 11.
		Joseph	8. 28. 40.
111.		William	10. 11. 21. 35. 75. 90. 107. 110. 119.
		Mary	11.
		John	15. 33. 60. 89.
		Leonard	22
		Robert	22. 27.
		Samuel	27. 60.
		Ewil	28.
		Adam	28.
		Thomas	44. 49. 62. 75. 88. 112. 119.

Entry Book Pages.	Names.		Nos. Returns.
		Moses	44.
		Josiah	44.
		Milley	56.
		Isaac	60.
	Hillen	John	114.
	Hiller	John	110.
		Jacob	110.
	Hillery	John	78.
	Hillhouse	William	11.
		John	11.
		James	11.
	Hilliard	Peter	60.
	Hilloms	Joseph	15.
	Hiley	Jacob	56.
	Hillson	John	31.
	Hilton	James	8. 56.
		Jesse	44.
		Samuel	62.
		Amey	116.
		William	121.
	Hindley	Edward	96.
	Hinds	Anthony	3.
		Patrick	22.
		John	31.
252....................		James	—
	Hinson	Philip	55.
		William	93.
		Jesse	93.

Entry Book Pages.	Names.		Nos. Returns.
	Hinton	Robert	28.
		Allen	60.
	Hipp	George	8. 17. 40.
		John	75.
	Hires	Barbara	9.
	Hirons	John	3.
		Gracey	3.
		William	40.
	Hitchcock	John	27.
	Hitt	John	60.
	Hixon	John	40.
	Hobbs	Robert	80. 114.
	Hoddy	Thomas	84.
	Hodge	James	56. 62.
see Hodges.		Thomas	62.
		Henry	75.
		John	75. 112.
		Jonathan	78.
		Benjamin	82.
		William	112. 116.
32.	Hodgekiss	Samuel	—
	Hodges	John	28. 31. 33. 62. 93. 96.
see Hodge.			
		Richard	28.
171.		James	28. 96.
		Robert	31. 55. 56. 62. 86. 96.

Entry Book Pages.	Names.		Nos. Returns.
		Henry	31.
		Thomas	31.
		Rebecca	31.
		Joseph	31.
		Isham	31. 93.
		Benjamin	54. 69.
		Elias	56. 62.
		Roger	62.
		Jacob	62.
		Mark	62.
		Isham & Joseph	96.
		Welcome	96.
	Hoff	Jacob	96.
see	Margenhoff	William	96.
	Hoffman	Catherine	20. 119.
		Michael	20.
		Martin	21.
		Peter	27. 40. 119.
		Christopher	27.
		Jacob	27.
		Daniel	93.
		Melcher	119.
	Hogan	William	40.
		James	45. 75. 102.
		John	54.
		Ridge	75.
		Micajah	102. 106.
	Hogg	William	1. 28.
		Samuel	28. 75.
		James	44. 110.
		John	44. 90.
		George	56.
		Thomas	60.
		Lewis	90.

Entry Book Pages.	Names.		Nos. Returns.
	Hogwood	Reuben	28.
	Holcum	Grimes	47.
or	Holcom	William	54.
		Henry	54.
		Nevil	74. 107. 112.
		Lucy	75.
		Moses	75. 114.
		Thomas	75. 114.
		Jordan	90.
		Jonathan	112.
		John	112. 114.
		Elisha	112.
		Jesse	112.
		Philip	112.
		Sherril	114.
		Joseph	114.
	Holden	Thomas	44. 45. 104.
	Holder	Jesse	114.
		Shoemake	121.
	Holding	Matthew	44.
	Holdridge	William	54.
	Holeyfield	William	45. 89.
		Daniel	45.
	Holman	Conrad	20. 34. 35. 87.
		Andrew	110.
		George	110.
	Holmes	Jonas	60.
		Thomas	8.
	Holms	Thomas	5.
	Holroyd	Turpin	82.

Entry Book Pages.	Names.		Nos. Returns.
	Holsenback	Abraham	60.
		Derrick	60.
		William	60.
	Holsendorf	John	3. 14.
	Holsey	Benjamin	44.
		Edward	44.
		William	44.
	Holsinger	John	3.
		William	56.
	Holton	John	93. 96.
	Holladay	Daniel	2. 14.
		Benjamin	40.
	Holland	Charles	28.
		John	28.
		Jacob	28.
		Thomas	28.
		Beasdale	54.
	Hollaway	James	22.
	Holliman	Harman	3. 55.
	Hollis	Edward	3.
		Moses	15. 31.
		John	15.
		James	15.
		Elijah	15.
	Hollingsworth	Joseph	54.
		Elias	74. 112.
		Aquilla	104. 112.
		Jeptha	104.

Entry Book Pages.	Names.		Nos. Returns.
		Benjamin	112.
102.		Zebulon	—
	Holloman	Harman	3. 55.
	Hollomes	William	44. 61.
		James	44.
	Holloway	Obediah	60.
		Caleb	60.
		John	114.
	Holly	Saberry	3.
		Richard	14. 62. 93.
		Frederick	15.
		James	82.
	Hoober	Joseph	20. 119.
		Frederick	119
"See Houber, Jacob on other side."			
68, ...	Hood	John	10. 33. 61.
		William	10. 38.
		Allen	22.
		Archibald	22.
		James	27. 56.
		Matthew	56.
	Hoodson	John	61
120.........	Hook	Philip	20. 44. 119.
		John	20. 119.
		Martin	21. 44.
	Hooker	Edward	75. 114.
	Hool	Edmund	22.

165

Entry Book Pages.	Names.		Nos. Returns.
	Hooper	Enoch	74. 114.
	Hoover	Jacob	20.
x	Homes	Thomas	5.
		John	5. 54.
		George	38.
		James)	See Hollmes above.
		William)	
"see Hope after Hustess"			
	Hopkins	Allen	5.
		David	14. 22. 27. 45.
		Sarah	15.
		John	56. 112.
		Jesse	62.
	Hoppock	Henry	79.
	Hopton	William	1.
	Horger	Jacob	40. 44.
	Horlbeck	Peter	1. 2.
	Horn	Mrs.	5.
		Ephraim	31.
		Peter	40.
		George	60.
	Hornby	William	2.
	Hornsby	Moses	15.
		Leonard	15.
151.	Horry	Daniel	1. 2. 22. 27. 34. 83.
		Thomas	1. 2.

Entry Book Pages.	Names.		Nos. Returns.
		Elias	1. 2. 5. 125.
		Hugh	5.
		Peter	5. 111.
		Jonah	40.
	Horsehead	John	75.
	Hort	William	93.
	Horton	Daniel	8. 56.
		Robert	8.
		John	44. 62.
		Henry	44. 73.
		William	93.
		Hugh	112.
	Houbanks	John	5.
		Joseph	88.
	Houber	Jacob	90.
	Houk	John	20. 119.
	House	Thomas	3. 14. 56.
		Reuben	3. 56.
		Sarah	3.
		Samuel	15.
x	Houseal	William	104.
	Houser	Andrew	20. 119.
		Christopher	62. 119.
	Houston	John	1. 44.
		Samuel	32.
		Patrick, Sr.	59. 101.
	Houze	James	45.

Entry Book Pages.	Names.		Nos. Returns.
	Hover	Conrad	44.
	Howard	Robert	5.
		Martin	5.
		Edward	8. 93.
		Benjamin	28.
		John	28. 74. 96. 112.
		David	38.
		Obediah	45. 75. 112.
		Seth	60.
		James	60. 83. 112.
		Stephen	112.
	Howart	Samuel	60.
		Nehemiah	74. 75.
		Archibald	112.
		Thomas	112. 114.
		Joseph	112.
	Howe	Robert	10.
		Jane	11.
		William	11. 86.
		David	11. 86.
		Joseph	11.
		John	11.
	Howell	Robert	9. 40.
		Arthur	22. 27. 40.
		William	34. 56. 60.
		* Martha	15.
		Matthew	56.
		Nathan	60.
		* Epsey	87.
		Malachi	87.
		John	108.
		Joseph	112. 114.
48.		Jeremiah	—
	Howie	Robert	11.

Entry Book Pages.	Names.		Nos. Returns.
x	Howsel	William	75.
	Hoy	James	55.
	Hubbard	John	31.
		Manoah	31.
		Abigail	56.
		Elisha	60.
	Hubbs	John	60.
	Huck	John	5.
	Huckaby	Isom	31.
		Thomas	31.
		Richard	74. 106.
	Huddleston	William	47.
	Hudgins	Ambrose	96.
	Hudson	Mary	1.
		John	8.
		Joseph	33.
		Robert	55.
		James	56.
		William	62. 82. 96.
	Huff	Joseph	5.
163.........	Huger	John	1. 87. 88.
		Benjamin	2. 5. 125.
94. 130...................		Isaac	3. 8. 40.
		Jacob	21.
		Francis	125.
235.....................		Isaac, Jun'r	—
	Huges	John	119.

Entry Book Pages.	Names.		Nos. Returns.
	Huggins	Mark	5. 34.
		Nathan	5.
		Joseph	5.
		Benjamin	5. 61.
		William	28.
		Robert	28.
		John	32.
		Rebecca	59.
	Hughes	John	11. 22. 104. 106. 110.
		Charles	11.
		Kirk & Barnett	15.
		Samuel	14. 80.
		Thomas	22. 27. 54.
		William	54. 56. 104.
		George	54.
		Caleb	45.
		Joseph	75. 104.
		Josiah	82.
		Matthew	90. 112.
		Richard	104. 112.
		James	114.
		Sarah	125.
	Hull	Henry	5.
		William	15.
	Hulsey	James	114.
	Hume	Robert	2. 15. 125.
		John	15.
	Humphries	Charles	22.
		Thomas	27.
		William	60.
		David	74.
		John	86.

Entry Book Pages.	Names.		Nos. Returns.
	Humphry	David	62.
	Hungerbealer	Conrad	119.
	Hunt	Nathaniel	10.
		Christopher	31.
		James	31.
		Criswell	96.
		John	110. 112.
		Thomas	112.
154. 171. 223. 93. 142............... 91...............	Hunter	Henry	3. 27. 44.
		John	10. 47.
		Samuel	27.
		Elisha	40.
		William	47.
		Andrew	54. 89. 92.
		Robert	60.
		David	61.
	Hurger	John	40. 44.
	Hurlong	Jacob	20.
	Husband	John	33.
	Huse	Richard	27.
		John	33.
	Husliler	Margaret	119.
	Hustess	John	2.
	Hope	Samuel	10.
		William	10.
		James	10.
		George	27. 100.
		John	61. 75.
		Christian	110.

171

Entry Book Pages.	Names.		Nos. Returns.
	Huston	John	10. 44. 54.
		Henry	11.
		Samuel	11.
		William	11.
		James	11. 28. 54.
		Robert	28.
	Hutchins	Rush John	8.
		Hillman	88.
		Richard	114.
32.	Hutchinson	Thomas	1. 2. 28.
		Elias John	2. 62.
		William	10. 28. 62. 110.
		James	28.
		Robert	54.
		Mathias	79.
		Letitia	93.
	Hutson	Thomas	17. 62.
		Nathaniel	28.
		William	28.
		David	28. 75. 112.
		James	28.
		Keanor	54.
		John	55.
		Jeffrey	56.
		Joseph	56.
		Samuel	60.
		Joshua	123.
	Hutto	Ann	20.
		Jacob	56.
		Isaac	56. 79.
		Henry	96. 119.
130........	Hutton	William	28. 38. 84.
		John	28.
		William & John	38.

Entry Book Pages.	Names.		Nos. Returns.
	Huxford	Harlow	40.
	Hyde	Michael	20.
		Stephen	55.
	Hyott	Ezekiel	44.
60.........	Hyrne	Henry	1. 2. 62.
		Alex'r William	2.
		John	5.
		Peter	83.
		Ann Sarah	84.
		Jesse	86.
		James	86.
		William	110.
143. 152.		Edmund Mrd.	—
	Jack	James	10.
		Samuel	11.
	Jackson	Thomas	5. 75. 119.
		Lemuel	5.
		Isaac	5. 40.
		Reuben	5.
83.		David	11. 20. 33. 62. 93.
88.		Samuel	25. 75. 94.
87.		James	28. 75. 86. 109.
88.....................		John	28. 31. 33. 61. 112.
88.		William	31. 32. 75. 89. 94. 110.
		Benjamin	31.
		Stephen	31. 33. 62.
		Charles	31.
		Henry	61.
		Arthur	62.
		Berry	62.
		Daniel	74. 75. 112.

173

Entry Book Pages.	Names.		Nos. Returns.
		Aaron	15.
		Amey	75.
		Mark	75. 112.
		Gardner	94. 112.
		Ralph	107.
		Frederick	112.
		Jordan	112.
		Miles	119.
32.		Thomas Lt.	—
	Jacobs	Jacob	79.
		Shadrach	110.
		Joshua	110.
32.		Benjamin	—
	Jacobson	George	21.
	Jaggers	John	15.
		Nathan	15.
x	Jamieson	James	10.
		Robert	11. 26. 96.
		Joseph	11.
		John	33.
		William	114.
	Janes	John	11.
	Jankoffskey	Anthony	38. 39.
	Jant	John	75.
	Jared	Ancel	28.
x	James	John	2. 5. 8. 9. 78.
		Benjamin	3. 33.
		Robert	5.
		Gavin	8.

Entry Book Pages.	Names.		Nos. Returns.
		William	8. 9. 31. 33. 40.
		Samuel	8. 93.
		Sherwood	9.
		Merica	31
		Alexander	31. 82.
		James	31.
		George	31.
		Zachariah	59.
		Charles	74. 102. 114.
		Elisha	75. 114.
		Richard	102.
		Sarah	31.
	Jasper	Nicholas	74. 75. 112.
		John	75.
	Jaudon	Elias	2. 57. 58.
		Paul	8.
		James	34.
		Peter	44.
	Jay	William	75.
		Joseph	75.
		John	75. 115.
	Jayroe	Peter	8.
	Jeffers	Samuel	10.
	Jefferson	John	14.
	Jeffries	Thomas	25. 28. 58.
		Nathaniel	28. 74. 75. 112.
		John	112.
	Jenkins	Joseph	8. 17. 28. 79.
		Thomas	15.
		William	15.

Entry Book Pages.	Names.		Nos. Returns.
		John	15. 33. 75. 102.
		Phebe	25.
		Charles	31.
		Reuben	31.
		James	31.
		Thos. William	35. 85. 86.
		Christopher	40.
		Benjamin	60.
	Jennerett	Jacob	8.
		John	15.
	Jennings	John	20. 25. 60. 96.
		Gideon	21.
		Henry	44.
		Philip	62. 92.
		John & Philip	65. 92.
		James	112.
146.		Tamer	—
	Jeraud	Peter	3.
	Jerman	Edward	88. 115. 120.
	Jetter	William	75.
		James	112.
		Cornelius	112.
	Jewell	Joseph	10.
	Jewkes	Sarah	5.
	Inabner	John	20.
		Christian	20.
		Samuel	20.
		Margaret	21.
	Inabnet	Christian	40. 119.
		John	119.

Entry Book Pages.	Names.		Nos. Returns.
	Infinger	John	20. 119.
	Ingraham	Duncan	85.
	Ingram	Alexander	57. 61. 62.
		Arthur	58.
		Benjamin	114.
		John	112.
	Ingrem	William	89.
		John	92.
	Inton	John	26. 102.
		Potter	102.
	Inman	Rufus	59.
		Meshach	112.
	Ioans	Vinsan	49.
	John	We	33.
		Jesse	84.
		Azel	96.
	Johns	Thomas	31.
		John	61.
	Johnson	William	3. 8. 15. 25. 34. 75. 104.
		Joseph	5. 57. 58.
		Robert	10. 11.
		Matthew	10.
		Alexander	10.
		David	11. 40.
		John	11. 14. 17. 26. 32.
		James	11. 58.
		Andrew	28.
		Grisset	31.

Entry Book Pages.	Names.		Nos. Returns.
		Henry	32.
		Benjamin	40. 62.
		Richard	40. 62.
		Purlevan	57.
		Arthur	58.
		Nathan	58.
		Howell	59.
		Solomon	62.
		George	75.
		Bartholomew	75.
		Michael	75.
		Thomas	104.
125.	Johnston	James	8. 26. 28. 31. 33. 45. 47. 54. 73. 74. 82. 83. 88. 96. 114. 120.
		Hugh	8.
		Gilbert	8.
148.		Robert	10. 28. 47.
"One of these, Sarah, or		John	11. 20. 25. 28. 31. 47. 58. 74. 75. 93. 94. 96. 102. 106. 108.
say No. 75."			
		Richard	14.
		Charles	15. 41.
		Jacob	26. 58.
		Francis	28.
		Benjamin	28.
		Hudgnes	28.
		Thomas	47. 102. 110.
		Drury	54. 93.
		Ambrose	54.
		Robert & James	54.
		Matthew	54. 111.
		Andrew	58.
		Mary	59.

Entry Book Pages.	Names.		Nos. Returns.
		Jesse	60.
		Nathan	60. 86.
90.		Alexander	75. 105.
		Elizabeth or Peter	75.
	Johnston	David	78. 92. 112.
		George	78. 110.
		Lewis	88.
		Martha	96.
		Barnett	96.
		Bartholomew	102.
		Michael	102.
		Noel	114.
		Elizabeth	117.
75.		William	62. 74. 83. 110. 116.
	Joiner	Frederick	44. 62.
		Ezekiel	58.
		John	58. 93.
		Joseph	58. 62.
		Benjamin	60.
	Jolly	Joseph	8. 34. 93. 108.
		Wilson	74. 108. 112.
		Benjamin	75. 104.
		James	75. 104. 112.
		John	104. 107. 112.
116.		Mayberry	—
102.	Jones	Thomas	1. 28. 31. 60. 62. 74. 75. 109. 110.
		Craine Adam	1. 25. 26. 28.
		William	5. 11. 31. 57. 58. 60. 73. 84. 86. 89. 119.
		Francis	8. 104. 112.

Entry Book Pages.	Names.		Nos. Returns.
		Joshua	9. 14. 26. 33. 86.
		Peter	10.
		Jonathan	10. 11. 26.
		Richard	10. 28. 57. 58. 60. 69. 86.
120......................		John	28. 47. 54. 58. 60. 61. 119.
		Rees	28.
		Andrew	28.
		Nathaniel	28.
		Edward	31. 57. 61.
		James	31. 45. 58. 92. 114.
		Asia	33.
		Isaac	40.
		David	44.
		Wimberly Noble	45.
		Joseph	54. 60. 65.
		Bartholomew	58.
		Benjamin	60. 96. 114.
		Bartley or Barclay	60.
		Charles	60.
		Daniel	60.
		Matthew	60. 114.
		Henry	60. 78.
	Jones	Samuel	61.
		Jeremiah	62.
		Elizabeth	74.
		Reuben	75. 110.
		Condace	75. 117.
		Hiram	80.
		Robert	86.
		Simeon	96.
		Nicholas	110.
		S. William	116.
		George	112.

Entry Book Pages.	Names.		Nos. Returns.
208. 236.	....	Craine Adam, jun'r	—
	Jonican	Moses	60
		James	60
		Jesse	60
	Joor	George	2. 85.
		John	5.
	Jordan	William	2. 8. 33.
		Henry	5.
		Robert	8. 57. 62. 96.
		Adam	8. 28. 75.
		John	8. 14.
		James	10. 25. 28. 44. 75. 102. 109.
		Elias	17.
		David	28.
		Zebulon	35.
		Moses	44. 62.
		Thomas	75. 80.
65.	....	Daniel	—
	Jostling	Daniel	80.
	Joulle	Daniel	5.
	Jowers	John	5. 33.
	Joyce	Henry	57.
		John	57.
		James	61.
	Irby	Robert	33.
		Charles	33. 116.
		William	47.
		Joseph	54.
		Grief	54.

Entry Book Pages.	Names.		Nos. Returns.
	Irick	Andrew	5. 119.
		George	20.
	(or Arick)	John	57.
		Margaret	119.
	Ironmonger	Gabriel	92.
	Irons	William	9.
	Irvin	Hugh	8.
	&	James	28. 31. 106.
	Irwin	John	32. 44. 45.
	Isaac	William	44.
164.	Isaacs	Elijah, Col'o	—
	Isom	Jacob	114.
	Judy	Henry	20. 58.
	Jumpard	Jacob	75.
	June	Solomon	8.
		Peter	8.
	Justice	Heli	5.
		James	25.
		Moses	33.
		John	44. 62.
		Simeon	62.
		Amos	114.
	Ivy	Robert	9.
		Henry	40.
	Izard	Ralph	1. 2. 3. 34.
		Walter	2.
		Isabella	3.
		John	17.

Entry Book Pages.	Names.		Nos. Returns.
	Kairns	Frederick	99.
	Kalckoffen	John & Jacob	92.
	Kalteisen	Michael	5. 96.
	Kalts	Michael	110.
		Martin	110.
	Kamp	William	86.
	Kanly	John	44.
	Karr or Kerr	John	10. 14. 28.
see	Carr	William	28.
		Andrew	28.
		David	28.
		Samuel	32.
	Karwon	Thomas	14. 44. 45.
	Kates	George	58. 119.
		Joseph	60.
89.		Aaron	—
	Kattion	James	75.
	Kayler	Richard	8.
		Hendrick	100.
	Kays	Michael	99.
	Keagler	Andrew	20.
	Keal	Abraham	16.
		George	17.
		John	57.

Entry Book Pages.	Names.		Nos. Returns.
	Kean	John	17. 78.
		James	62.
	Kearsey	Stephen	28.
		Levi	109. 114.
		Randolph	109. 114.
	Keating	John	16. 17. 35. 89.
	Keebler	Lucretia	20.
	Keel	Frederick	40.
		William	61.
	Keels	Abraham	26.
	Kegler	Andrew	93.
	Keith	Cornelius	31. 89.
		Margaret	31. 58.
		James	38.
		Benjamin	38.
		John	86.
		Sarian	87.
		George	119.
	Keil	William	31.
	Keilon	Leonard	112.
	Ketch	Henry	110.
	Kell	Matthew	10.
		John	11.
		Archibald	11.
		James	61.
	Keller	George	20.
		Frederick	20. 119.
		Daniel	21.

Entry Book Pages.	Names.		Nos. Returns.
		John	87. 96. 119.
		Philip	96.
		Jacob	119.
	Kellet	Joseph	61.
	Kellum	Shadrach	33.
	Kelly	Abraham	5.
		James	10. 54. 75. 110.
		John	9. 62. 110.
		Peter	9. 53.
		Woodford	25.
		Gershon	26. 44.
		Daniel	26. 44. 45. 75.
		Samuel	40. 75.
		Joseph	53. 101.
		Margaret	54.
		William	57. 62. 102. 104. 106. 108.
		Richard	74.
		Edward	75. 105. 110.
	Kelough	John	10.
		Robert	10.
		Ebenezer	11.
		Alon	44.
	Kelsal	Agnes	1.
	Kelsey	Hugh	10.
		Robert	10.
		Thomas	11.
		Samuel	11.
		George	11.
	Kelso	Joseph	74.
		Samuel	74. 94.

Entry Book Pages.	Names.		Nos. Returns.
		John	75. 112.
		William	112.
	Kendrick	Turner	45.
		Palmer	112.
		Abel	112.
		Obadiah	74.
	Kennedy	Campbell	5.
103. 156. 173...............		James	11. 15. 26. 41.
See Canada in the letter "C"		George	11. 75.
		Thomas & William	11.
		David	14.
		Solomon	21.
233......................		Joseph	25.
59.		John	26. 60. 75. 93. 96. 112.
		Stephen	31.
		Thomas	31. 89. 106.
		Matthew	45.
		Alexander	57.
		William	75. 90. 104. 107. 112.
		Achilles	112.
152.		Francis, jun'r	—
	Kennelly	Elizabeth	20.
		Joseph	20.
	Kennerly	James	20.
		John	21.
		Joseph	119.
	Kenninton	John	61.
	Kennington	Edward	5. 44.
		John	35.

Entry Book Pages.	Names.		Nos. Returns.
	Kent	Charles	61.
	Kenny	Samuel	96.
	Keriss	George	58.
	Kerrick	Henry	87. 119.
		Adam	87.
32.	Kersey	Rowland	—
	Kershaw	Ely	2. 33. 82. 93.
155.		McCrea & Co.	15.
7......................		Joseph	35. 41.
		Wade & Co.	93.
	Kessell	Mrs.	21.
	Kettles	Elizabeth	15.
		Stephen	58. 62.
	Keville	Benjamin	— In Letter C.
	Key	Thomas	60.
		Tandy	60.
		William	60.
		Henry	60.
	Kibler	Michael	75.
	Kidd	John	3. 11.
		Andrew	10.
		Michael	119.
	Kill	Benjamin	112.
	Killcreece	John	60.
	Killingsworth	Jacob	2. 44. 45.
		William	3.

Entry Book Pages.	Names.		Nos. Returns.
		Jesse	12.
72.		John, Mrs.	—
	Killgore	Henry	31.
		Benjamin	61.
	Kilpatrick	Spencer	5.
		Andrew	28.
174.		John	57. 114.
		Alexander	57. 114.
		James	112.
	Kimball	Frederick	9. 93.
		John	74.
		Thomas	114.
	Kimbrough	John	31.
	Kinard	Martin	75. 110.
		John	104. 110.
		Michael	110.
	Kincaid	William	10.
		James	11. 15.
		John	11.
	Kindermiah	Kendrick	15.
	King	Abraham	3.
		William	3. 10.
		John	3. 15. 33. 53. 96. 111. 114.
		Benjamin	9. 87.
		Kirby	10.
		George	11. 61.
		Francis	11.
		Thomas	11.
		Frederick	20. 45.

Entry Book Pages.	Names.		Nos. Returns.
		Berry	61.
		Richard	73.
		Isaac	74. 94.
94................ &	Harper	—
	Kingswood	Jacob	44.
	Kinline	Mary	119.
		Stephen	119.
	Kinloch	Francis	8. 125.
		Ann	8.
	Kinnemore	George	58.
	Kinnesler	John	11.
		Christian	61. 62. 88. 119.
		Christ'r & Elizabeth	61.
		Andrew	93.
	Kinsey	Thomas	28.
	Kinslow	John	21.
		Andrew	33.
	Kippleman	Jacob	75.
	Kirby	John	31.
31....................		William	58.
		Archibald	62.
	Kirk	James	9. 54.
		Thomas	11. 15. 112.
		John	26. 45.
		Gideon	62.
	Kirkhouse	Thomas	25.

Entry Book Pages.	Names.		Nos. Returns.
	Kirkland	James	2.
		Zachary	14. 40
		William	15. 40
23. 67. 68. 77.		Richard	15. 50.
		Francis	15.
		Susannah	20.
		John	33.
		Joseph	40.
		George	61.
	Kirkling	James	33.
		John	96.
	Kirkpatrick	Francis	11.
		Robert	10. 11. 89.
		John	47.
		Thomas	50.
	Kirkwood	James	28.
		Robert	28. 74.
		Hugh	86.
	Kirtland	Isaac	60.
		Samuel	60.
	Kise	Philip	59.
	Kitchen	Zachary	10.
		John	11.
	Kithcart	Samuel	114.
	Kitts	Francis	28.
	Kizetheart	John	102.
	Knave	Matthew	96.
		William	112.

Entry Book Pages.	Names.		Nos. Returns.
	Knight	Night	31.
		Catherine	33.
		Thomas	33. 57. 58.
		Zachary	57. 86.
		John	57. 61. 96.
		Ely	93.
	Knighten	Moses	15.
		Josiah	15.
		Isaac	15.
		John	15.
	Knob	Peter	60.
	Knobel	Frederick	87. 119.
	Knoulton	Grant	96.
	Knox	William	5. 10. 11. 87.
		Archibald	8.
		Samuel	8. 10.
		John	10. 11. 87.
		James	11. 90. 96.
		Robert	11. 87.
		Hugh	12.
		Sarah	15.
		Eleanor	57.
		Isaac	85.
	Koffman	Stophell	44.
		Andrew	44.
	Koger	Joseph	15.
	Koker	Benjamin	31.
		Thomas	58.
	Kolb	Thomas	9.
		Peter	31.

Entry Book Pages.	Names.		Nos. Returns.
		Abel	31.
		Benjamin	33. 96.
		Jehu	96.
	Koon	Adam	61.
	Kopstate	Charlotte	119.
	Kowan	Thomas	28.
32. 120.	Koyser or Kiser	George	44.
	Kuhn See Cone & Coon	Henry	88.
	Kykendall	Jonathan	11.
72.........	Labender	Barnett	20.
		Bernard	119.
	Laboyteaux	Peter	84.
		John	84.
	Labruce	Thomas	8. 125.
		John	125.
	Lacey	Edward	10.
		Reuben	10.
		Commerce	36.
	Lackston	Jesse	109. 114.
	Ladd	Benjamin	95.
	Ladson	James	1.
		Jane	2.
		Robert	2.
		Rachel	3.
		Abraham	3.
		Thomas	78.

Entry Book Pages.	Names.		Nos. Returns.
	Lafield	George	95.
	Lahiffe	John	9. 38. 58. 65.
	Laird	Samuel	36. 53.
	or Lard	John	36.
		Robert	53.
		James	54.
	Lake	John	66.
	Lamar	Lewis	33.
		Thomas	59. 60.
		Robert	59.
		Philip	60.
		John	60.
	Lamb	Frederick	3.
		Ezekiel	8.
		Longshore	112.
		William	112.
	Lambert	John	2. 48. 58.
	Lambright	John	2.
		William	15.
	Lancaster	Henry	57. 66.
		Samuel	104.
	Lance	Lambert	2.
		Ann	9. 65.
	Land	Benjamin	11.
		John	11.
		Mary	11.
		Thomas	60.
		Isaac	112.
	Landrum	Samuel	59.
	Landtrip	Shadrach	112.

Entry Book Pages.		Names.		Nos. Returns.
252.	Lane		John	8.
			Drury	58. 66.
			William	66.
			Daniel	84.
	Laney		Isaac	11.
			John	84.
			Titus	84.
	Lang		William	3. 31.
			James	54.
	Langdale		Josiah	66.
	Langford		John	66.
	Langston		Solomon	75.
			Jacob	114.
			John	114.
			James	114.
	Lankester		Henry	57. 66.
	Lankford		Thomas	31.
			William	48.
	Lannam		John	25.
	Lard		Henry	89.
see	Laird		Joseph	89.
	Large		David	31.
	Larimore		Thomas	123.
	Lark		Robert	9.
			John	75.

Entry Book Pages.	Names.		Nos. Returns.
	Larymore	John	36.
		Edward	59.
	Lary	Michael	34.
	Laslie	Peter	9.
	Laten	Rebecca	2.
		Francis	15.
	Lathran	William	26.
"See Latta under Leysaht"			
	Lattimore	Robert & Arthur	11.
		John	57.
		Francis	52. 112.
	Laughlin	Anthony	10.
		James	10.
		William	10.
	Laura	Michael	20.
	Lawrence & Laurence	Etsell	9.
		William	17.
		John	36.
		Benjamin	36.
		Samuel	120.
	Laurens	Henry	3. 48. 98. 100.
	Lavender	Hugh	53.
		Barbara	79.
	Laver	Jacob	110.
		George	110.
	Law	William	2. 8. 92.

Entry Book Pages.	Names.		Nos. Returns.
	Lawsey	William	8.
	Lawson	William	74.
		John	75. 111.
		Benjamin	75.
		Reuben	75.
		Hugh	78.
143.		Price & Co.	—
	Laxton	John	114.
	Lay	Enos	8.
	Laycock	William	65.
	Lazarus	Nicholas	74. 75. 102.
	Leadbetter	Frederick	2.
		Thomas	2.
		Lewis	102. 111.
	Leadingham	William	9.
	Leard	John	11. 95.
	Learney	Thomas	10.
	Leathering	James	60.
	Leavolt	John	110.
	Lecher	James	60.
	Laconte	William	38.
	Ledger	John	1. 2.
	Lee	William	8. 33. 58. 66.
		Anthony	9.

Entry Book Pages.	Names.		Nos. Returns.
		Nicholas	20. 73.
		Abraham	20.
		John	25.
		Thomas	26. 58.
		Andrew	36.
		Robert	58. 60. 74. 75.
		Stephen	66.
		Daniel	79.
		Lewis	89.
		Amos	104.
		Elliott	112.
		James	112. 114.
	Leech &	Andrew	2.
	Leach	David	10. 58. 114.
107.		Henry	11.
		Thomas	36.
		John	36. 60. 75. 90.
32.		Joseph	—
	Leecraft	John	14. 26.
		Edward Christopher	58.
	Leen	John	31.
	Leeper	Robert	11. 111.
	Leerwood	Edmund	53.
32.	Leevesby	Thomas	—
	Lefever	John	33.
	Legare	Joseph	9. 57.
		Nathan & others	33.
164.................		Benjamin	—

Entry Book Pages.	Names.		Nos. Returns.
	Legear	Daniel	8.
		James	8.
	Leger	Peter	3.
	Legett	Jeremiah	66.
	Leggett	Elias	74. 114.
	Legran	Frederick	104.
		Adam	104. 120.
		John	104.
		Jacob	104.
	Lehre	Mary	95.
		Thomas	111.
	Leifredge	William	8. 98.
	Leigh	Samuel	8.
	Leitner	Michael	74. 75. 90 99 105.
	Leitz	Mary Magdalen	95.
	Leiver	Jacob	21.
	Lemack	John	3. 66.
	Lemire	Thomas	60.
	Lendler	Jacob	75.
See Linder	Lenier	Clemwood	112.
	Lenoir	Isaac	9.
		Thomas	15.
		Clement	49.
		John	78. 84.

Entry Book Pages.	Names.		Nos. Returns.
	Lenud	Henry	2. 5. 8.
	Leonard	Loughlin	54.
		Abel	65.
	Lepear	Paul	8. 95.
	Lequex	Peter	1. 38.
		Samuel	14.
	Leroach	John	40.
	Leroy	Fene	36.
"Error, see in Letter D."	Ducerquiel	Ducerquiel, F. R.	74.
	Lesesne	John	1. 14.
		Peter	2. 8.
		Daniel	5. 34.
		Isaac	5. 84.
		Francis	8. 58. 98.
		Frederick	
		Charles	98.
	Lesley	John	25. 37. 57. 78.
174......................		William	36.
		Thomas	36.
		Robert	75.
	Lester	William	8.
		James	14.
		Andrew	14. 15.
	Lestarjette	Lewis	9.
	Lethem	Andrew	10.
		Robert	14.

Entry Book Pages.	Names.		Nos. Returns.
	Level or Leavell	Robert John	53. 75. 54.
	Lever	Jacob George	119. 75.
	Leverett	Robert	75.
	Leveston	Duncan	95.
	Lewers	Thomas	57.
	Leysaht	John	92.
	Latta	David	10.
		John & William	11.
		John	11. 78. 89.
		Thomas	11. 87.
		William	11. 89.
	Lewis	William	3. 9. 10. 11. 25. 26. 66.
		Nicholas	5.
		Sarah	8.
		Charles	8. 58.
		John	8. 26. 49. 54.
		Charity	8.
		Frederick William	8.
		Henry William	8.
		Benjamin	10.
		Winnifred	16.
		George	20. 48.
		Peter	25.
		Joseph	33.
		Robert	33.
		James	40.
		Abel	48.
		Ross	54.

Entry Book Pages.	Names.		Nos.	Returns.
		Eleanor	54.	
		Isaiah	57.	
		Isaac	60.	
		Rosser	60.	
		David	75.	114.
		Isaac & others	75.	
		Mathias	78.	
		Josiah	78.	
106......................		Thomas	78.	
		Hugh	102.	
		Ephraim	114.	
		Richard	114.	
	Libbia	Nathaniel	62.	
	Libecap	Mathias	3.	
	Libhart	Casper	21.	
	Licktinstiger	Melchor	48.	
	Liddell	James	36.	
		William	36.	
		Moses	36.	
165.		Andrew	36.	
		Gared	36.	
		George	95.	
32.........	Liddy	John	92.	
189.	Lide	William	2. 33.	
		Robert	31.	
		Thomas	33.	
	Lightwood	Edward	1. 83. 87.	
		John	2. 48. 73.	
	Liles	Aramanous	26.	
		John	35. 75. 102.	

Entry Book Pages.	Names.		Nos. Returns.
		Wm. & Aramanous	74.
		James	75. 94. 110.
		William	75. 110.
		Ephraim	75. 81. 105. 110.
		Henry	102. 106.
	Lillibridge	Hampton	2.
	Limmon	David	8.
	Linam	George	75. 95. 112.
	Lindaur	Henry	49.
See Lindler	Linder	Jacob	65.
	Lindsay	Robert	1. 40. 57. 111.
		James	8. 36. 75. 94. 110.
		Ephraim	36.
		Samuel	36. 75. 102.
		John	36. 37. 53. 74. 75. 94. 192.
		Dennis	54.
		William	60.
		Moses	94.
		Thomas	94. 110.
		Elias	110.
	Linn	Robert	10.
		John	11. 99.
		Mary	25.
	Linning	Thomas	5.
		Sarah	9.
	Lintler	Jacob	102.

Entry Book Pages.	Names.		Nos. Returns.
12.	Lippencot	Jonathan	—
	Lipham	Daniel	10.
		Frederick	53.
		Abraham	75. 111. 112.
		Moses	90. 112.
	Little	William	48. 112.
		Aaron	48.
		James	53.
		John	58. 74. 112.
		Mary	75.
		Joseph	75. 112.
		George	75.
		Jonas	112.
172.		Samuel	—
	Littlejohn	Samuel	38.
		Thomas	112.

"In the J's there is a name of John Little Thomas."

	Littleton	Charles	75. 90.
		Mark	102.
	Livingston	Thomas	3.
	&	Tucker	8.
		Robert	14. 20. 119.
		George	36.
		William	57. 60.
		Michael	110.
		John	110.
	Lloyd	John	65.
		William	66.
188.		Benjamin	—
	Lobb	William	75. 105. 110.
146.	Lochman	John	116.
160.		Charles	—

Entry Book Pages.	Names.		Nos. Returns.
	Lockard	Andrew	10.
	Lockart	John	10. 83.
		Aaron	26. 88.
	Lockhart	Robert	57.
		Charles	39. 123.
	Lockridge	James	36. 37.
		John	36.
	Lockwood	David	1.
15.		Joshua	5. 9. 79.
164.	Lofton	Thomas	—
	Logan	& Darrel	2.
237......................		John	9. 36. 37. 58.
		Isaac	36.
		Andrew	36.
		David	36. 37. 58.
		Alexander	36. 58.
		Henry	36.
		Francis	36.
		William	54. 95.
		Thomas	58.
		Anthony	74.
93. 101.		Joseph	—
133. 152. 172. 251.		George	—
	Logue	Samuel	73.
	Lommick	Michael	110.
	Longmire	William	60.
	Long	Josiah	8.
		Joshua	8.
		Henry	26. 36. 75.

Entry Book Pages.	Names.		Nos. Returns.
		James	38. 48. 66. 95.
		Robert	54.
		William	57.
		Levi	66.
		John	66. 75.
		Thomas	66. 74.
		Michael	104.
		Benjamin	104.
		Jacob	110.
	Loocock	Aaron	34.
		William	87.
	Looney	Robert	25. 49.
		John	26.
	Loopers	Jonathan	60.
		William	60.
	Lootholts	Sarah	5.
	Loper	David	57.
		Jesse	57. 89.
		Joshua	58.
	Lord	John	1. 3.
		Andrew	3. 25.
	Lorman	John	58.
		Jacob	120.
	Lorrimer	Thomas	3.
	Lorrimore	Charles, Rev'd Est.	125.
	Lothrop	Seth	3.

Entry Book Pages.	Names.		Nos. Returns.
32.........	Lott	William	3.
		George	9. 95.
		John	10.
		Joshua	48.
	Love	John	3. 26. 66. 78. 117.
		James	10. 26. 111. 112.
		Andrew	11.
		Alexander	11.
		William	25. 26. 38.
		Hezekiah	25. 26. 112.
		Benjamin	25.
		Samuel	26.
		Isaac	49.
		Mark	75. 90.
	Loving	Christopher	66.
	Lowder	Zilpha	14.
	Lowe	Isaac	10. 14.
		John	54. 75. 110.
		Aquilla	57.
		William	79.
	Lowndes	Rawlins	65.
	Lowner	John	90.
	Lowry	Jane	11.
		William	15.
"See Thos. Lowrey Ann in A"		Robert	33. 38. 75.
		Simeon	48.
		Levi	48.
		Matthew	54. 60.
		John	57. 60.
		Richard	60.

Entry Book Pages.	Names.		Nos. Returns.
	Lowther	Edward	31.
		George	86.
71.		Charles	—
72.		Joseph	—
	Lowver	Conrad	110.
	Luckie	Samuel	3.
		James	36.
		William	36.
		Alexander	36.
		John	37.
	Lucar	Isaac	60.
	Lucas	Joshua	31.
	& Lucus	John	33. 60. 98. 114.
		Solomon	60.
		Jeremiah	114.
	Ludlam	Isaac	8.
	Luke	William	31.
		Owen	31.
		Samuel	54.
	Lummos	John	36. 78.
	Lunday	Simon	31.
		Drury	31.
		James	33.
101.		Daniel	—
	Luptan	Mary	35. 95. 111.
	Lushington &	Edwards	1.
		Richard	3. 98.

Entry Book Pages.	Names.		Nos. Returns.
	Lusk	Robert	11. 36. 74. 104. 108.
		James	11. 36. 74. 108.
		Henry	36.
		Nathan	36.
	Lutes	John	75.
"See page 103, Entry Book No. 2"	Luxemburgh	Chevalier	97.
	Lybolt	John	20.
	Lyell	Robert	25.
	Lymbike	George	60.
	Lynah	Edward	58. 65.
		James	65.
	Lynch	James	1. 114.
		Thomas	2.
		William	114.
		John	114.
	Lynes	John	38.
		Isaac	65.
		Moses	66.
	Lyon	John	15. 25.
		Widow	31.
		Guthridge	31.
		William	31. 88.
		Joseph	36.
		Samuel	36.
		James	60.
	Maborn	William	75.

Entry Book Pages.	Names.		Nos. Returns.
	Mabry	Jesse	75.
"See Mayberry, also there ent'd"			
	Mack	John	48. 119.
	Mackay	John	89.
"See Amaker"	Macker	John	40.
		Jacob	40.
	Mackey	Thomas	26.
		John	8. 73.
		William	114.
		Doctor	125.
	Mackie & Cameron		48.
		John	78.
	Madding	John	65.
	Maffet	William	38.
	Magary	Edward	36.
	Magee	Elisha	48.
See McGill	Magill	John	54.
	Magin	Daniel	53.
	Maham	Hezekiah	25. 26. 57. 65. 73.
	Maherg	John	54.
	Mainer	William	5. 17.
	Maird	Ann	15.

209

Entry Book Pages.	Names.		Nos. Returns.
	Maise	James	75.
	Major	Daniel	3.
		Sarah	9.
		John	15. 58.
	Malcolmson	John	11.
	Maliel	Robert	75.
	Malone	John	5. 9.
"See	Melone"	William	38. 75. 102.
	Malphurs	John	57.
		Ezekiel	57.
		Joel	58. 65.
	Manahan	William	11.
	Maneary	Gilbert	53.
	Maner	William	5. 17. 38. 39. 58.
		Samuel	65. 66. 78.
	Mangrim	John	54.
	Manielly	Joseph	36.
	Manigault	Gabriel & Peter	5.
		Peter	5. 58. 117. 120.
	Manly	John	54.
		William	54.
	Mann	Mary	8.
		Susannah	8.
		James	14. 15.
		Thomas	36.
		Samuel	36.

Entry Book Pages.	Names.		Nos. Returns.
		Nuby	60.
		John	78.
	Manning	James	31.
		Edmund	48.
		Moses	57. 58.
		Levi	75.
	Mannon	Beasley	87.
	Manson	William	66.
		Thomas	114.
	Mants "See Mounts"	Bernard	75.
	Manure	James	110.
	Maples	Thomas	25. 48.
		Nathan	40.
	Mapp	John	80.
		Littleton	80.
	Mar	Nathan	48.
	Marbury	Leonard	79.
	Marchbank	George	75.
	Marus	Daniel	60.
		John	78.
190.	Margenhoff	Van John	34. 98.
	Marion	Francis	5.
		Benjamin	30.
32.		John	34.
		Gabriel	65.
		Joseph	88.

Entry Book Pages.	Names.		Nos. Returns.
	Mark	Samuel	36.
		Henry	60.
		Reedy	79.
	Markham	James	48.
172. 230. ...	Markland and McIver		—
	Marklay	Abraham	1. 82.
	Marks	Richard	54.
	Marlor	William	58.
	Marlow	James	31.
		Robert	57.
	Maromet	John	85.
	Marpole	Thomas	58.
	Marquis	Joseph	14. 58.
		John	60.
	Marrow	Matthew	14.
	Marrs	Robert	53.
	Marsdon	Elizabeth	8.
	Marsh	John	58. 95. 98.
		Shiles	60.
		Joshua	95.
	Marshall	James	5. 8. 58.
		John	8. 15. 25. 26. **73.**
		Sarah	8.
		Mary	25.

Entry Book Pages.	Names.		Nos. Returns.
		William	26.
	no —	Jonathan	—
		Francis	58.
		Daniel	60.
		Robert	66.
		Adam	88.
		Hugh	94.
		Thomas	98.
32.	Martin	William	1. 15. 31. 53. 66. 86.
		David	2. 5. 14.
		Robert	5. 8. 12. 14. 25. 36. 66. 73. 98.
		James	5. 8. 12. 14. 15. 26. 36. 60. 66. 95.
		Christopher John	5.
		Priscilla	5.
		Joseph	5. 58. 66.
		Zachariah	8.
		Edward	8. 12. 14. 25. 95.
		Adam	8.
		Moses	8.
105. 177..................		John	11. 12. 14. 15. 37. 49. 54. 56. 60. 65.
		Richard	12. 66.
		Susannah	15. 117.
		Andrew	15.
		Mary	21.
		Simon	25. 88.
		Samuel	26.
		Jeremiah	31.
		Alexander	31.
		Roger	36. 74.
		Shadrack	53.

Entry Book Pages.	Names.		Nos. Returns.
		Martin	53. 54.
105. 138. 158. 208.		Edmund	59. 78. 95.
		Barkley	60.
		Matthew & Matt	60. 78. 95.
		George	60. 95. 110. 114.
		Elijah	60.
		Simeon	60.
		Marshall	60. 95.
		Nicholas	84. 117.
		Daniel Lewis	84.
		Leonard	95.
		James & John	95.
		Peter	110.
		Joshua	112.
32.		Nathaniel	—
235. 241. 250.	Martell	Michael	—
	Martindale	James	75. 112.
		William	112.
	Maskall	Thomas	69.
	Mason	Martha	31.
		Joseph	31.
		Charles	33.
		James	36. 37. 85.
		Eleanor	53.
		David	54.
		William	58. 78. 99.
		George	60.
		Thomas	98.
	Massey	William	8. 25. 49.
		Allston	31.
88.		John	65.
		James	66.
76.		Henry	—

Entry Book Pages.	Names.		Nos. Returns.
	Massingal	Joseph	90.
	Masters	Notley	54.
	Maston	Thomas	14.
	Mates	Martin John	9.
	Mathaney	James	26.
	Mather	Daniel	80. 114.
	Mathews	Benjamin	1. 58.
		William	1. 36. 57. 58. 59.
28.		John	1. 3. 8. 9.
		R. Joseph	2.
		Ann	8.
		Isaac	8. 36. 60.
		Edmund	14.
		Samuel	36.
		Moses	33. 59.
		Philip	34.
		Victor	37.
		Lewis	60.
		Daniel	60.
		Peter	85.
		James	86.
		Thomas	110.
		Joseph	36.
	Mathis	Samuel	3. 35. 57. 65.
		William	48.
		James	58.
	Matley	John	75.
	Matlow	John	74.
	Mattocks	McKenzie	58.

Entry Book Pages.	Names.		Nos. Returns.
	Maul	David	41.
	Maxfield	William	106.
	Maxwell	Josiah	5.
		Samuel	8.
		Robert	31. 36.
		John	36.
		Nicholas	36.
		William	36. 49. 66.
		Alexander	36.
		David	59.
		Edward	60.
	May	Benjamin	14.
		John	66.
	Maybank	Joseph	66. 98.
	Mayberry & Mabry	Daniel	26.
		Jesse	75.
		John	79.
		Joel	110.
		James	112.
	Mayers	Elijah	25. 89.
		Michael	59.
	Mayes	Andrew	74. 94.
		Thomas	75.
		Samuel	94.
	Mayfield	John	26.
		Abraham	26.
		Robert	74. 75. 107.
		Samuel	79. 112.
		Edmund	112.
106.	Mayion	James Robert	—

216

Entry Book Pages.	Names.		Nos. Returns.
	Maynard	Edward	58.
		William	74.
"See No. 74"	Mayer	Ulrick	75.
	Mayse	William	90.
		Samuel	112.
		Thomas	112.
		James	112.
	Mazier	Francis	65.
	Mazyck	Paul	1. 58.
		Peter	1. 2.
		Stephen	2. 8. 21. 66.
		Benjamin	66. 95.
		Alexander	66.
	McAdam	John	36
	McAddon	Arthur	11.
		Thomas	25.
		John	26.
	McAdoo	James	112.
	McAnnally	James	60.
	McBane	Daniel	33.
	McBay	George	36.
	McBee	Vardery	74. 79. 80. 87. 114.
		Silas	80.
		Mathias	80. 114.
		Matthew	114.

Entry Book Pages.	Names.		Nos. Returns.
	McBride	Joseph	25.
		William	36.
		Andrew	36.
		Hugh	60.
		James	60.
		John	86.
	McCain	Peter	36.
		Hugh	65.
		Alexander	78.
92.	McCall	John	3. 31. 66. 88.
		Thomas	8. 74. 88.
		William	31.
		Charles	33.
		Henry	33.
92. 121. 129. 145. 146. 149. 154. 157—		James	36. 65. 74.
		Lewis Henry	66.
		George	88.
	McCalla	Thomas	66.
	McCalleb	William	37.
	McCalister	Charles	8.
		Nathan	36.
	McCallum	James	12.
	McCalpin	Robert	36.
		Solomon	36.
		Alexander	36.
	McCambridge	John	14.
	McCamey	John	36.

Entry Book Pages.	Names.		Nos. Returns.
	McCammon	Hugh	11.
		John	11. 26.
		James	11. 25.
		William	11.
	McCance	Charles	11.
		Samuel	11.
		Thomas	12. 13.
		William	12.
		David & William	12.
	McCann	Robert	26. 65.
		Patrick	66.
	McCants	Nathaniel	2.
		Thomas	8. 89. 95.
		James	8.
		John	34.
		William	86.
		Joseph	92.
		Robert	98.
	McCardel	Henry	104.
	McCarley	William	36.
		Moses	36.
	McCarney	Owens	54.
	McCarrel	Nathaniel	114.
	McCarty	Michael	5. 95.
		Daniel	5.
		Jeremiah	26.
		Martha	116.
34.		David	—
188.........	McCarthy	John	—

Entry Book Pages.	Names.		Nos. Returns.
	McCarter	Walter	11.
		David	12.
		Christian	12.
		James	31. 36.
		Moses	36.
		William	36. 79.
		John	36. 114.
		George	58.
		Alexander	112.
	McCartney	Charles	58.
		Michael	58.
		Dennis	59.
		James	66. 110.
	McCauselin	James	20.
	McCaw	William	11.
109............		John	12.
		James	15. 112.
	McCawley	David	11.
		John	14. 38.
		James	14. 48.
	McCay	John & Joseph	25.
		Joseph	89.
		Cabtor	98.
	McClain	William	11.
		Andrew	12.
		John	65.
		Daniel	66.
	McClane	Hugh	66.
	McClanahan	Finney	26.
	McClaskey	Dennis	66.

Entry Book Pages.	Names.		Nos. Returns.
	McClean	Andrew	60.
		George	112.
		William	112.
	McCleary	John	8. 58. 95.
		Daniel	74. 109. 114.
	McClenahan	John	11.
		Finney	66.
	McClelan	Samuel	9. 29.
	McCleland	Mary	8.
		Robert	11.
		David & Thomas	15.
		Samuel	49.
		James	66.
		William	75.
	McClellen	William	75.
	McClelon	Samuel	12.
		William	112.
	McClendol	Wilson	60.
		Ezekiel	60.
	McClendon	Joel	59.
		John	65.
	McClintock	William	48.
	McClinton	Samuel	36.
		Robert	37.
		John	66.
	McClocklin	James	121.

Entry Book Pages.	Names.		Nos. Returns.
	McClorken	Robert	2.
		Archibald	26.
		Matthew	15.
		Thomas	54.
	McClosky	David	36.
		James	36.
		George	36.
		Alexander	36.
		William	36.
		Joseph	36. 37.
See McLeod	McCloud	Turtle	65.
	McCluer	James	11.
		Mary	12.
		Hugh	12.
		John	15.
		Samuel	65.
		William	65.
	McCluney	William	58. 120.
	McClure	James	26. 54.
See McLure forw'd		John	36. 65. 114. 115.
		Samuel	114.
		William	112.
	McClurkan	Thomas	15. 41. 86.
		John	15. 86.
		Samuel	54.
	McColloh	William	12.
	McCollum	Daniel	75. 114.
225.	McComb	Robert	—

Entry Book Pages.	Names.		Nos. Returns.
	McConathy	Samuel	53.
	McConico	William	8.
	McConnell	Robert	8. 57.
		William	8.
		George & Robert	8.
		Thomas	8. 98.
		John	11. 36.
		Reuben	12.
		Emanuel	36.
		James	36. 37. 98.
		George	58.
		David	75.
	McCool	John	26. 104. 107.
		Adam	26. 112.
		Joseph	26.
	McCopin	Drury	79.
	McCord	John	2. 8. 36. 39. 58.
		Sophianisba	5. 9. 49.
		James	11. 114.
		David	58.
		Adam	104.
	McCorkle	Archibald	26. 95.
		Samuel	65.
		Robert	66.
		Owen	78.
	McCormick	James	5. 9. 11.
		Hugh	36.
	McCortle	Abraham	12.
	McCottry	William	8.

Entry Book Pages.	Names.		Nos. Returns.
	McCowen	Alexander	12. 26.
		Daniel	60.
		William	112.
	McCown	James	12.
		John	12. 33. 100.
		Samuel	12.
†		Moses	12.
		Alexander	12.
		& McMuldrow	33.
	McCracken	Robert	2. 8.
		James	8. 75. 104.
		John	8. 54.
		Arthur	53. 54.
		Thomas	54.
		Samuel	54.
†	McCoy	Edward	8. 36. 75. 84.
		John & Joseph	8.
		Joseph	8.
		John	8. 14. 110.
		Reddin	66.
		David	66. 102.
		Stephen	66.
		Elijah	66.
		Samuel	92.
		Ranald	86.
	McCrae	Margaret	8.
	McCray	Alexander	8.
	McCrea	Thomas	40.
		John	98.
		Joseph	120.
	McCready	Edward	25.

Entry Book Pages.	Names.		Nos. Returns.
	McCreary	John	12. 54.
		Samuel	12.
		Robert	53.
		Andrew	53.
		Thomas	54.
		Barkley	54.
		Matthew	54.
	McCree	John	54.
	McCreevan	Duncan	25. 26. 74. 75.
	McCreight	Quinton	15. 66.
		James	15. 25. 49.
		Matthew	15.
		Robert	25.
	McCrory	John	75.
	McCuller	Hance	5.
	McCullim	Keneth	95.
	McCulloch	John	2.
		William	40.
		Samuel	88.
	McCulloh	Alexander	15.
		Robert	15.
	McCullough	William	5. 8. 86.
		Hugh	8.
		Nathaniel	8. 78.
		James John	8. 78.
		James	8. 36.
		Thomas	11.
		Samuel	11.
	&	Fulton	14.
		Andrew	38.

Entry Book Pages.	Names.		Nos. Returns.
	McCully	Ephraim	11.
	McCune	John	49.
	McCurdy	Robert	12.
		John	37.
	McCutcheon	George	2.
		Patrick	25.
		James	36.
		John	66.
	McDaniel	John	3. 88.
		Edward	12.
		Mathew	54.
		Daniel	57.
	&	Pearce	58.
		James	58. 66.
	McDavid	James	54.
		John	66.
	McDead	James	54.
	McDill	John	12.
	McDonal Sh'd be McDowal see below.	John	
	McDonald	John	11. 25. 31. 34. 60. 92. 121.
		Archibald	9. 25. 26. 95.
		Adam	9.
		Daniel	9. 31. 60.
		David	11. 101.
		Hugh	11.
		William	11. 36. 101.

Entry Book Pages.	Names.		Nos. Returns.
75.		Francis	12. 78.
		Henry	15.
		James	25. 60.
		Rachel	25.
		Thomas	54.
		Jehiel	60.
		Absalom	60.
		Charlie	62.
		Martin	118.
	McDonnogh	Philip	1.
	McDougal	Alexander	75. 112.
	McDow	John	9. 73.
		William	11.
	McDowall & Seth		89.
		William	89.
		John	8.
	McDowell	Andrew	11.
		David	25.
		William	31. 36. 92.
		Samuel	31.
		Robert	108.
		James	114.
	McElduff	Daniel	2. 112.
		Thomas	8.
		Adam	38.
	McElhany	Stephen	11.
		James	11. 75. 114.
		Samuel	12.
		William	12. 75.

Entry Book Pages.	Names.		Nos. Returns.
	McElhenny	William	74.
or	McIllhenny	John	74.
		Alexander	74. 75. 114.
	McElroy	William	8.
		James	48.
	McElveen	Adam	38.
		William	38.
	McElwee	James	11. 40.
See	McIlwee	Mary	37.
		John	37.
	McElwrath	John	74.
	McFadden	Isaac	11. 84.
		John	11. 12.
		Robert	11.
		William	12.
		Edward	12.
		Patrick	65. 66.
	McFaddien	John	9.
		Robert	35.
		Thomas	34.
	McFails	Annanias	89.
	McFarland	Edward	11.
	McFarlin	Mordecai	5.
		John	12.
	McFarling	George	36.
		James	98.
	McFarren	Archibald	36.
		Andrew	36.

228

Entry Book Pages.	Names.		Nos. Returns.
		James	36.
	McFarsan	William	54.
	McFatrick	John	60.
	McGare	Owen	60.
	McGarity	William	12.
	McGarrar	William	83.
	McGarretty	James	9.
		John	74.
	McGaughey	James	11.
	McGaw	John	36.
		William	36.
	McGee	Thomas	3. 60.
		Patrick	26. 95.
		William	31.
		James	31.
		Elisha	31.
	McGill	Hannah	8.
See	Magill	John	8. 36. 57.
		Samuel	8. 98.
	McGinney	Charles	1. 26. 99. 100.
		Daniel	8.
	McGinnis	Thomas	60. 78.
	McGloughlen	George	54.
		James	54.
	McGonnegell	Patrick	98.

Entry Book Pages.	Names.		Nos. Returns.
75.........	McGowen	James	8. 17. 112.
		John	36.
		William	66.
	McGown	William	58.
		Noble	60.
	McGrady	Samuel	11.
	McGraw	David	26. 65.
		Solomon	40. 102.
		Edward	57.
		John	58.
		Benjamin	58.
49.........	McGrew	Peter	2. 26. 65.
		William	65.
	McGriff	Patrick	95.
	McGrigor	Daniel	8.
226.........	McGrill	Richard	—
	McGuire	Alexander	65. 66.
	McHaffey	James	114.
	McHerg	John	74.
	McHugo	Anthony	2. 66.
See	McIlduff Mcelduff	Daniel	
	McIlwrath	John	108.
		Michael	108.

Entry Book Pages.	Names.		Nos. Returns.
	McIlroy	John	53. 114.
		David	54. 114.
	McIlton	James	104.
	McIlvain	James	65.
		Andrew	66.
	McIlveen	William	8.
		Mary	8.
	McIlveny	William	36.
		John	37.
	McIlwain	Andrew	35.
		Robert	49.
		James	112.
		Anthony	112.
See	McIlwee McElwee.	James	36.
	McIntosh	George	8.
		Alexander	31.
		Laughlin	31.
		John	33.
		William	98.
	McIntre	Daniel	36.
	McJunkin	Joseph	74. 107. 112.
		William	75. 102. 103.
		Daniel	102. 104. 112.
		Samuel	104.
	McIver	Evander	31. 98.
	McKann	Robert	14.
		Patrick	83.

Entry Book Pages.	Names.		Nos. Returns.
	McKay	James	12.
	McKee	John	1. 16. 48. 94.
		Joseph	8.
		Thomas	36. 48. 114.
		Adam	36.
		Daniel	112.
	McKeene	William	36.
	McKeever	James	54.
	McKelveen	Mary	34. 35.
	McKelvey	James	1.
		Daniel	1.
		Robert	5.
		John	36.
		Hugh	36.
	McKenzie	Robert	2.
		Joseph	11.
		Alexander	58.
		William	78.
	McKesieck	Catherine	75.
	McKewen	Archibald	26.
	McKey	Robert	12.
	McKimmy & Sailor		65.
	McKindley	William	36. 83.
		John	36. 65.
	McKinney	William	11. 12.
		Samuel	12. 15.

Entry Book Pages.	Names.		Nos. Returns.
		John	12. 49. 65.
		George	75.
		Patrick	83.
		Roger	83. 89.
	McKleduff	Adam	88.
	McKnight	James	2. 92.
		Robert & James	2.
		Alexander	8.
		Robert	14. 92.
		Moses & John	14.
		Thomas	48. 108.
		William	49. 114.
		Charles	57.
	McKnitt	John	36.
See	McNatt		
96.........	McKollister	James	—
	McKoy	D. Ranald	57.
	McKuane	John	25.
139.........	McLane	John	—
	McLaughling	John	5.
155.........	McLean	John	85.
	McLearly	Robert	12.
	McLeland	Stephen	33.
	McLemore	Joel	26. 58.
		Wright	57.
	McLeod	Norman	92.
See	McCloud	Andrew	123.

Entry Book Pages.	Names.		Nos. Returns.
	McLewrath	Robert	79.
	McLilly	John	11.
	McLure	John	25.
	McMahan	William	36.
		John	36.
		Peter	36.
	McMahon	Margaret	8.
		Luke	60.
32.		Patrick	92.
		James	114.
	McManus	John	33.
		Charles	48.
		Hugh	48.
		James	49.
	McMaster	Patrick	36.
		John	36.
		William	36.
		James	74. 104.
	McMeans	Anthony	11.
		Thomas	83.
166.	McMeen	John	39.
	McMichael	William	12. 95.
		John	12. 98.
	McMillan	John	14.
		James	60.
	McMillen	Daniel	36.
		Robert	114.

Entry Book Pages.	Names.		Nos. Returns.
		Bennet	60.
		Hugh	102.
	McMillin	Robert	25.
		William	75.
	McMorris	William	15.
	McMuldrough	David	31.
		Hugh	31.
		William	31. 92.
		James	31.
		John	31. 92.
		Andrew	31. 92.
	McMullen	David	120.
		Michael	121
	McMullin	James	58.
	McMurdy	Henry	36.
	McMurray	John	5. 25.
		Samuel	11. 12.
		William	12.
		Thomas	12.
	McMurtray	Samuel	37.
	McNabb	John	12.
		William	14.
		James	15.
	McNamar	Jesse	112.
	McNatt	James	31.
See	McKnitt	Mackey	31. 117.
		Joel	31. 98.
		John	31. 121.
	McNear	Joseph	38.

Entry Book Pages.	Names.		Nos. Returns.
	McNeel	James	66.
		Edward	74. 75.
	McNeesh	John	1. 2.
	McNeir	James	12.
	McNiece	James	53.
		Robert	54.
	McNish	James	86.
	McNolty	Michael	11.
Say	McOwen McCowen	William	112.
	McPeeke	John	11.
	McPherson	Isaac	2. 88.
32.		James	58.
		Daniel	65.
		Sarah	95.
	McQueen	John	1.
		Alexander	38.
	McQuew	John	33.
	McQuiston	Archibald	11.
		Andrew	11.
		James	12.
	McRee	John	100.
	McTeir	John	78. 85.
	McVey	David	54. 95.

Entry Book Pages.	Names.		Nos. Returns.	
	McWaters	William	11.	
		John	12.	
		Alexander	41.	
	McWattey	John	8.	
	McWharter	George	34.	
		Thomas	48.	
	McWhirter	John	112.	
137.	McWhorter	Alexander	11.	
		John	12.	
		Benjamin	12.	
		Thomas	49.	
		George	74.	
	McWilliams	William	54.	
		James	54.	
		Andrew	54.	
		John	57. 66. 83.	
	McWright	Matthew	49.	
	Meadows	Thomas	66.	
	Meaners	John	60.	
	Means	Joseph	74. 112.	
		Hugh	90. 112.	
		James	94.	
		William	94.	
	Mease	Thomas	12.	
	Measlis	John	66.	
	Mebin	William	105. 110.	
		Matthew	110.	

Entry Book Pages.	Names.		Nos. Returns.
	Mecks	Jeremiah	25.
	Medlock	Samuel	60.
	Mee	George	14. 66.
	Meedill	John	38.
		David	38.
		Thomas	65.
	Meek	James	12.
		Adam	12.
		Thomas	40. 84.
		Moses	74. 112.
96.	Megehe	Ferril	—
	Meggett	William	3.
		Margaret	3.
	Mehaffy	Robert	34.
	Meigler	Nicholas	119.
See	Mickler see No. 20.		
	Meisereau	Joshua	82.
	Melican	James	36.
	Mell	Thomas	15. 84.
	Mellard	Elisha	48.
		Susannah	48.
	Mellet	Peter	8. 40. 66.
		John	84.
	Melone	Cornelius	15. 40.
See	Malone	Hugh	84.

Entry Book Pages.	Names.		Nos. Returns.
		William	84.
		John	110.
	Melson	Samuel	60.
		David	60.
	Melton	James	60.
		William	60.
	Melvill	Robert	37.
		Jane	86.
	Melvin	George	1. 2. 3. 65.
		John	53.
	Menure	William	75.
	Mercer	Thomas	31.
		Jesse	31.
38. 47. 50................		Richard	—
	Merchant	William	114.
	Meredith	Thomas	49.
	Merrick	Robert	58.
	Messer	John	36. 59.
		Robert	36.
		James	54.
		William	60.
		Samuel	119.
	Meurset	Peter	48.
	Meuscke	John	88.
	Mey	& Cripps	2.
See Cripps & Mey		Charles Florian	2.

Entry Book Pages.	Names.			Nos. Returns.
	Meyer	Ulrick	(see 75)	74.
		William		48.
	Meyers	Daniel		2.
		Jacob		5. 8. 25. 57. 58.
		William		5. 14.
		Margaret		8.
		Conrad		48.
		Abraham		48.
		John		58.
	Michael	William		90. 112.
	Micham	Henry		90.
	Michau	Menassa		5. 8.
		Paul		8.
		Daniel		8.
		William		38. 39.
		Jacob		58.
	Michum	Thomas		34.
	Mickle	Thomas		3.
		Joseph		49.
	Mickler	Peter		20.
See Meigler		John		20.
		Joseph		95.
	Mickles	Joseph		40.
	Middleton	William		1. 31. 49. 58.
		Richard		1. 3. 15.
		Henry		25.
		Charles		25. 26. 66.
		John		37.
		Thomas		40. 61. 98.
		Martin		48. 58.
		James		54.
		Hugh		60.
	Miers	Tobias		119.

Entry Book Pages.	Names.		Nos. Returns.
	Migler see 119.	Nicholas	20.
	Mikell	James	31.
		John	31.
	Mileer	John	38.
	Miles	Josiah	1.
		Elizabeth	1.
25. 55. 61. 67.	....	John	1. 11. 12. 60. 66. 88.
		Robert	9.
		Charles	11.
		William	11. 31. 33. 37. 58. 74.
		David	37.
		Samuel	37.
		Thomas	48. 57. 114.
		Francis	49.
		Buckner	49.
		Leonard	49.
		Edward	57. 58.
		Aquilla	59.
		Richard	66.
		James	88.
	Miley	Henry	14.
		Robert	49.
	Milford	John	36.
		Henry	36.
		William	37.
	Milhouse	John	15.
	Millan	John	11.
	Miller	Samuel	1. 11. 62. 108.
		George	3. 5. 9. 59. 60. 65.

Entry Book Pages.	Names.		Nos. Returns.
		Michael	5. 114
		David	5. 8. 60.
		Mary	8. 119.
		Moses	8.
		William	8. 11. 40. 48. 66.
95.		John	12. 20. 36. 37. 48. 54. 60. 89. 102. 114.
		Charles	11. 26.
		Alexander	12. 14. 89.
		Matthew	12.
		James	12. 54. 106. 114.
		Adam	12. 95.
		Robert	14. 86. 112.
		Nathaniel	17. 73. 114.
		Mrs.	21.
		Andrew	36.
		Mordecai	36.
		Thomas	38.
		Abraham	48.
		Hans	54.
		Joseph	59.
		Philip	66.
		Nehemiah	74. 75.
		Lazarus	90.
		Hugh	92.
	Milles	John	119.
71.		Thomas	—
	Milligan	John	9.
195.		Jacob	9. 26. 79.
110. 134. ...	Milling	Hugh	2. 87. 98.
		William	12.
32. 233..................		John	34.
	Mills	George	2.
		William	8.

Entry Book Pages.	Names.		Nos. Returns.
		John	12. 57.
		Gilbert	36. 40.
		Henry	66.
		James	75.
	Milner	John	65.
		Solomon	120.
	Milwee	William	38.
	Mims	John	60.
249............		David	—
	Minick	Adam	20.
		Rebecca	21. 119.
		John Adam	66.
		Ferdinand	90.
	Miniss	Jacob	3.
	Minors	Robert	14.
		Nicholas	60.
	Minose	Domino	65.
65. 115.	Minott	John	62.
	Minter	John	60.
		Mrs.	60.
	Minton	Jesse	66.
	Mintz	Stephen	60.
		Michael	75. 98.
	Mire	Benedict	110.
	Mires	Leonard	60.
		Jonathan	60.

243

Entry Book Pages.	Names.		Nos. Returns.
62.	Mirrick	James	25.
32.	Miscampbell	John	20.
		Robert	48.
	Miskelly	William	66.
	Mitchell	Benjamin	2. 14. 37. 78.
		Charles	3.
		Thomas	8. 36.
		James	11.
		Nimrod	14. 66. 88.
		Daniel	25.
96. 192.		John	34. 35. 60. 78.
		William	36.
		Robert	36.
		Solomon	36.
		David	41. 54.
		Isaac	53. 54.
		Amos	60.
		Stephen	83.
		Edward	125.
84. 143.		Ephraim	—
96.		Elisha	—
	Mitchem	Colin	111.
	Mitchison	William	54.
		Edward	74. 75. 114.
	Mitts	Henry	110.
	Mixon	Francis	8. 31. 66.
		Mich'l & Fran's	8.
		Samuel	31.
		John	31.
		Michael	31. 66.
		Maraday	98.

Entry Book Pages.	Names.		Nos. Returns.
	Mizell	Luke	58.
	Moberly	Samuel	26.
		William	40.
		Clement	40.
		John	40. 88.
		Benjamin	40. 87.
		Edward	40.
		Isaiah	40.
	Mobley	William	30.
		Micajah	78.
		Thomas	79.
		Eleazor	79.
	Mockboy	Matthew	114.
	Mock	Andrew	60.
		Joseph	60.
	Moffeet	John	12.
	Moffet	Gabriel	104.
		Henry	104. 114.
		William	110.
	Moll	William	14.
	Monaghan	Daniel	66.
	Monday	William	60.
		Reuben	60.
	Monely	Henry	8.
	Mongin	David	17.
	Monhim	Christopher	119.

Entry Book Pages.	Names.		Nos. Returns.
	Monk	Mary	3.
		George	95.
		Jonathan	98.
	Montgomery	Nathaniel	8. 14. 98.
		Samuel	8. 14.
		Hugh	8. 26.
		William	9. 65. 95.
		Henry	9. 58. 98.
		Robert	25. 26. 34. 74. 75. 95. 102.
		Alexander	25.
		James	26. 38. 54. 60. 65. 66.
170.		John	26. 39. 48. 65. 75. 95. 102.
		Nirmon	26.
		Evans, Dunlap & Horton	35.
		Charles	57.
		George	75.
	Moodie	Slomon	9.
	Moody	Andrew	31. 98.
		Roderick	33. 98.
		Thomas	34.
	Moon	William	58.
	Moore	Samuel	2. 36. 48. 75.
12. 32.		John	5. 8. 11. 12. 25. 36. 48. 49. 58. 60. 65. 88. 95. 111. 112. 114.
		Isham	5.
		John & James	9.

Entry Book Pages.	Names.		Nos. Returns.
		Samuel & John	11.
		James	11. 12. 25. 36. 48. 57. 79. 110.
		David	11.
133.		William	11. 15. 26. 36. 49. 66. 86. 87. 95. 111. 112. 114.
		Nathan	12.
		William & Alexander	15.
		Sarah	15. 98.
		Dolly	26.
		Jeremiah	31.
		Gully	31.
		Thomas	34. 36. 48. 75. 114. 121.
		Joseph	36. 49. 108. 114.
		Eliab	36. 48.
		Quinton	37.
57.		Robert	40. 48. 110.
		Sarah, Mrs.	57.
		Benjamin	59.
		Sampson	60.
	Moore	Richard	60. 65.
		Israel	65.
		Levi	66.
		Burt	74. 114.
		Ann	75.
		Jason	90. 114.
		Morris	95.
		Hugh	114.
		Abraham	114.
		Francis	114.
	Moorer	Henry	21. 58. 119.
		Samuel	21. 58.

Entry Book Pages.	Names.		Nos. Returns.
		John	58.
62.		Jacob	119.
	Moorhead	Edward	11.
		William	12. 112.
		Charles	12.
	Morany	Peter	36.
117.	Morel	D. V. & file	—
	Moress	Feribe	49.
	Morris	Benjamin	12. 36.
"More of this		George	12.
name on other		Israel	74. 75. 99. 109.
side."		Joseph	80. 114.
		Mary	85.
	Morgan	Joseph	8. 33.
		Samuel	14.
		Charles	15.
		Edmund	26.
		Elizabeth	31.
		John	31.
		Solomon	33. 41. 98.
		Crispin	48.
		James	48. 58.
		Eneas	60.
		Jesse	60.
		Wliliam	65. 66.
		Isaac	74. 75. 102.
		Thomas	110.
	Morgandollar	John	16.
	Morrall	Daniel	2. 8.
		John	8. 66.
		William	8.

Entry Book Pages.	Names.		Nos. Returns.
	Morris	James	1. 11.
"See others of this name on the opposite side."		William	11. 36. 58. 60. 80. 98.
		Thomas	11. 12. 36.
		John	12. 36. 60. 66. 75.
		Burrell	36. 37.
		Garret	36.
		Micajah	48.
	Morrison	Robert	8.
		Thomas	11.
		Daniel	25. 26.
		John	33. 75.
		Joseph	38. 120.
	Morrow	Ezekiel	8.
		Jacob	20.
		David	11. 25. 37.
		Samuel	12. 74. 114.
		Joseph	12.
		Robert	21. 114.
		Matthew	21. 48.
		George	26. 73.
		William	36.
		Thomas	36. 58. 114.
		James	36. 60.
		Arthur	37.
		John	49. 58. 114.
	Morreau	Mary	20.
	Morsan	George	49.
	Morten	John	57.
	Morton	David	26.
	Moses	John	9.

Entry Book Pages.	Names.		Nos. Returns.
	Moss	John	8.
		Joseph	15.
		Gilbert	15.
		William	59.
		Stephen	115.
	Mosse	George	1. 2.
		Ebenezer	75. 87.
	Mothershead	Francis	48.
		Jett John	66.
	Motley	John	5. 34.
		Malachi	114.
	Motlow	John	114.
	Motte	Isaac	2. 87.
		Jacob	9. 111.
		Stephen	65.
		Nathaniel	66.
		Charles	69.
	Mosely	John	58.
		Robert	59. 60.
		Thomas	60.
		Benjamin	60.
		William	60.
		James	112.
	Mouatt	John	1. 120.
	Mouls	George	58.
	Moultrie	Alexander	1. 98.
		William	25. 82.
		Joseph	31.

Entry Book Pages.	Names.		Nos. Returns.
	Mounts "See Mants, that's right"	Bernard	75.
	Mourning	John	123.
156.	Moyeux	Nicholas James	—
	Mouzon	Henry	9. 73.
	Muckenfus	George	58.
	Muckleduff	Adam	1. 2.
	Mucklewain	Mary	98.
	Mucklewean	Henry	65.
	Muldoon	James & David	15.
	Mulherren	John	36.
		Charles	36.
		William	37.
	Mullen	John	36.
		Patrick	36.
		William	111.
6. 14.	Muller	Aerney Albert	1. 95.
	Mullet	Gideon	16. 58.
	Mulwee	William	53.
		James	54.
	Muncreef	Richard	2. 51.
		John	3.
	Munnerlin	William	8.
		John	8. 66.

Entry Book Pages.	Names.		Nos. Returns.
		Loftus	8.
		James	8.
	Munnerlyne	Benjamin	57.
	Murdock	William	48
	Mure	Thomas	49
	Murfee	James	31.
		Moses	31.
		Malachi	31. 98.
	Murff	Reedy	21.
		John	40.
	Murphy	John	11. 12. 60. 106.
		Robert	11.
		William	11. 60.
		James	12. 48.
		Daniel	12. 111.
		Edward	14.
		Claudius	31.
		Morris	33. 65. 66.
		Drury	38. 60.
		Roger	54.
		Perregrine	66.
		Sarah	75.
		Ruduff	98.
		Doudel	102.
		Sion	112.
		Mark	112.
	Murray	Alex'r & William	9.
144......................		William	26. 31. 40. 53. 108.
		James	36. 54.
		David	36.

Entry Book Pages.	Names.		Nos. Returns.
		John	48. 59.
		Samuel	53.
		Alexander	98.
162.		Hannah	—
	Murrell	William	98.
	Muse	Daniel	116.
	Musgrove	Beekes	75.
	Mushet	Samuel	60.
	Mussen	Archibald	8.
	Myars	David	86.
		Jacob	95.
	Myers	Mordecai	1. 8.
		Mary	20.
		Joseph	21.
		George	31. 98.
		Richard	34.
		Abraham	58.
		John	20. 75.
		Catherine	95.
	Myrick &	Moody	58.
	Myrough	John	17.
	Nail &	Sturgeon	5.
	Nance	Elibazeth	15.
		Peter	98.
	Narrimore	William	48.
		Edward	65. 66.
		John	65.

Entry Book Pages.	Names.		Nos. Returns.
	Navill	George	102.
	Neal	Thomas	3. 8.
		David	8.
		Samuel	8. 37.
	Neale	David	79.
		Hugh	75.
	Neallns	John	58.
		William	58.
	Neavel	Isaac	15. 45.
"The rest of the E's after the I's."		Joseph	74. 114.
	Niblin	Philip	20.
	Nichols	Francis	57
		William	60
133. 156. 178. 239.		Julius, Jun'r.	—
	Nicholson	William	60.
		Gideon	60.
		David	60.
		Wright	60.
32.		John	—
	Nickells	James	12.
		Thomas	12.
		Alexander	95.
	Nickle	John	75. 114.
		James	114.
	Nickles	Solomon	67.
	Nicks	John	112.
		Benjamin	112.
X		William	112.

Entry Book Pages.	Names.		Nos. Returns.
	Nimmins	Andrew	57.
	Nimmons	William	68.
	Nunimaker	Benedict	74.
		widow Barbara	119.
X	Niel	Charles	68.
	Nipper	James	14. 66.
		Drury	60.
		Benjamin	60.
		Caleb	60.
		Absalom	60.
	Nisbett	William	26. 73.
		Sir John	86.
		John	26. 90. 95.
		Samuel	94.
	Nisbit	Robert	75.
	Nisbitt	Thomas	25.
	Nite	Alea.	65.
	Nix	Ambrose	15.
		George	26.
		John	26. 57.
		Edward	26.
	Nixon	Bently John	3.
		Stephen	48.
		John	98.
	Neel	Andrew	12.
		Thomas	13.
		Hugh	13.
		William	57.

Entry Book Pages.		Names.		Nos. Returns.
	Neeland		William	3. 5. 34.
			John	5.
	Neely		Robert	12. 13.
			James	12. 68.
			Thomas	12.
			John	12. 68.
			Matthew	12.
			Samuel	13.
			George	13.
			David	13.
			Hugh	13.
			Sarah	57. 67.
			Victor	66.
	Neesler		John	20.
			Frederick	20.
	Neighbours		Nathaniel	67.
			William	68.
			Benjamin	68.
			Abraham	95.
			Samuel	95.
	Neil		Thomas	33.
			Robert	36.
			Elisha	36.
			Casper	60.
			John	60. 67. 74. 102. 112. 114.
			Moses	80.
			Aaron	80.
			William	114.
73.			Benjamin	—
73.			James	—
	Neilson		David	2.
			William	13. 14. 25. 108.

Entry Book Pages.	Names.		Nos. Returns.
		Thomas	26.
		Abel	26.
		James	36. 57. 95.
		Samuel	37.
		John	114.
		Caleb	123.
	Neisbet	James	57.
X	Niesbett	James	108.
See Nesbitt below		Jonathan	108. 114.
		Robert	108.
		Joseph	108.
		Samuel	108. 109. 114.
		Jeremiah	114.
	Neil or Nail	Thomas	98.
	Nele	William	8. 68.
	Nelson	Isaac	8. 38.
		William	12.
		Thomas	15.
		John	25. 58. 100.
		Samuel	25. 78.
		Robert	75. 102.
		David	78.
	Nerts	Jacob	82.
	Nesbet	Samuel	75. 91.
		& Collins	75.
	Nesbitt	William	34.
See Neisbett above		Jonathan	74. 113.
		Joseph	75.
	Nesmith	Samuel	8.
		Thomas	13.

Entry Book Pages.	Names.		Nos. Returns.
		Nathaniel	48.
		Robert	86.
		John	86. 118.
		Lamuel & John	86.
Nettles		William	2. 66.
		Isham	15.
		Zachariah	31. 58. 92.
		George	31. 98.
		Joseph	31. 92.
		Robert	31. 98.
		Jesse	40.
Neufville		Edward	65.
Nevelin		Jacob	20.
Neveltown		Widow	119.
Nevin		James	25.
Newell		William	48.
Newman		Jonathan	5. 12. 15. 57. 98.
		Samuel	34. 78.
		Thomas	38. 84. 92. 98.
		Alexander	58.
		George	74.
		Reuben	114.
		William	120.
Newton		Moses	5.
		Jane	48.
Neyle		Sampson	2. 82.
Noble		Martin	21.
		Thomas	25.

Entry Book Pages.	Names.		Nos. Returns.
		Alexander	36.
		James	37.
		William	75.
	Nobles	Lewis	38. 60.
		Nicholas	57.
		Leonard	59.
		Mark	60.
		William	60.
		Josiah	60.
		Saunders	60.
	Noland	William	31. 48.
		George	48.
		Stephen	48.
		Aubrey	66. 75. 102.
	Noodle	Frederick	20.
	Norman	David	112.
		Jonathan	112.
	Norrel	Mary	59.
		Samuel	59. 60.
		James	60.
		Isaac	60.
		Richard	60.
	Norris	Daniel	5.
		Thomas	36.
		John	36.
		Patrick	36.
		Robert	36.
		Andy	36.
		Jane	37.
		William	58. 68.
		Agathy	59.
	North & Trescot		1. 5.
		John	34.
		Charles	34.

259

Entry Book Pages.	Names.		Nos. Returns.
	Northcut	William	31.
	Norton	William	3. 26.
		Hugh	8.
		James	14.
	Norwood	Samuel	31. 36. 84.
		Thomas	31. 36.
87. 159. 160. 162. 164.		John	33. 37.
		Theophilus	36.
	Nourse	William	82.
	Nowell	Thomas	75.
	Nuble	Philip	20.
	Nucum	Robert	36.
	Nugent	Thomas	31.
	Nun	John	26.
		Joseph	60. 78
	Nurney	Griffin	58.
	Nutt	William	3.
		John	34.
			2nd.
149.	Oats	Martin	73.
	Oave	Peter	12.
		Isaac	12.
	Obannan	Joseph	15.
	Obrian	George	26.
		William	26.

260

Entry Book Pages.	Names.		Nos. Returns.
		Dennis	36.
		Duncan	67.
	Obriant	Jesse	26. 92.
		John	68.
	Odam	Benjamin	1. 8.
		Daniel	58.
	Odem	Margaret	60.
		Abraham	60.
	Oden	Alexander	60.
		Hezekiah	74.
	Odill	John	5.
		Thomas.	8.
	Odle	John	67.
	Odom	Benjamin	2. 58.
		Michael	31.
		John	31.
		Shadrach	58.
		Huke	58.
	Odoms	Michael	8.
		Daniel	57.
		William	59.
	Odonoly	James	48.
	Offats	Jesse	60.
		Ezekiel	60.
109.	Officers & Men of Continental Frigates.		
	Ogier	Lewis	2. 65.
	Ogilvie	John	15. 66.
		James	50.

Entry Book Pages.	Names.		Nos. Returns.
		Cha. Jno. & Alex'r.	95.
	O'Hear & Legaré		57.
	Oliver	James	1. 5. 36. 58.
		John	3. 36. 65.
		Peter	21. 119.
		William	31.
		Alexander	36.
		Stephen	95.
88.		Thomas	—
	Olyphant	David	2. 3.
		Obediah	80.
	Oneal	John	31. 67. 112.
		William	58. 74. 75.
		Hugh	67.
		Douglass	98.
	O'Neel	William	57.
	Opry	Hugh	40.
	Oriack	James	110.
	Orr	William	34. 35. 75. 90. 102.
114.		Charles	—
	Osborne	Thomas	1. 5.
	Osburn	Daniel	68.
		William	112.
	O'Sheils	John	48. 114.
		Jethro	114.

Entry Book Pages.	Names.		Nos. Returns.
	Osteen	Thomas	40.
	Oswald	Margaret	14. 57.
		Stephen	48.
		David	57.
		Michael	119.
	Ott	Peter	20. 119.
		Jacob	20. 21. 48. 58. 119.
		John	20. 40. 58. 119.
		Jasper	20.
		Abraham	48. 119.
		Casper	48. 119.
	Otterson	Samuel	75. 102.
	Outlaw	Benjamin	31. 48.
		Edward	33.
	Overstreet	Sarah	5.
		John	57. 58. 86.
		Jethro	57. 86.
	Owen	Lewis	14. 78.
		Jonathan	48.
		Samuel	66.
		Joshua	80. 108.
	Owens	James	8. 26. 48. 78.
		Philip	8.
		David	8.
		William	15. 31.
		John	68.
		Benjamin	58. 117.
		Joseph	58.
		Peter	78. 88.
		Zachariah	78.

Entry Book Pages.	Names.		Nos. Returns.
		Thomas	114.
		Walter	33.
	Owin	John	15.
		Benjamin	26.
		Archibald	36.
	Owners of	Brig Polly	1.
		Sloop Sally	39. 95.
		Ship Columbia	49.
		Schooner Fanny	115.
	Pace	Nathaniel	2.
		Drury	69. 79.
	Pack	Joseph	40.
		Conrad	119.
	Packer	John	2.
	Padden	Darby	8.
	Padget	John	31.
		Elijah	59.
		Job	60.
		Josiah	60.
	Pagan	Alexander	12.
	Page	William	16.
115.		Thomas	17. 65.
		George	123.
	Painton	John	37.
	Paisley	Robert	1. 31. 101.
	or	Thomas	2.
	Pasley	John	2. 40.
		Hugh	121.

Entry Book Pages.	Names.		Nos. Returns.
	Palmer	William	8.
		Philip	12.
		Joseph	13.
		Charles	15.
250.		John	25. 75. 104. 112.
		Peter	48.
		Thomas	58. 74. 104.
		Elijah	60.
		Job	62.
	&	Miller	98.
		Joshua	104.
	Pamor	John	25. 58.
	Pardue	Joel	59.
See Perdue & Purdue			
	Purdue		
	Parish	Gideon	31.
		Shadrach	98.
	Park	Samuel	67.
		Anthony	68.
		Andrew	68.
		Thomas or	
		James	112.
		Joseph	112.
145	Parker	John	3. 15. 36.
141		William	5. 8. 65.
		Elisha	31.
		Moses	31. 33.
		Daniel	38.
		Nathaniel	48. 49.
		Gabriel	58.
		Isaac	60. 75. 112.
	Parkinson	John	2.
	Parkman	David	60.
		Henry	60. 74. 75.

Entry Book Pages.	Names.		Nos. Returns.
	Parler	Shadrach	8. 104. 112.
		William	78.
	Parnell	James	30. 75.
		William	60.
	Par	John	38.
	Parrot	Thomas	25. 26.
	Parsons	Susannah	1. 2. 14.
		William	8. 86. 98.
		Ames or James	8.
		James	48. 19.
		Major	75. 90.
81...............		Alston & Co.	—
	Partin	Robert	65.
	Paschke	Frederick	2.
	Paslay	Robert	—
	Patrick	Henry	5. 20. 58. 119.
		Joshua	12. 95.
		James	12.
		William	13.
		Robert	13. 86.
		David	13.
		John	78. 119.
		Gabriel	112.
		Charles	112.
	Patridge	John	38.
	Patterson	Andrew	5. 8. 48.
		Peter	12.
37...............		James	12. 20. 29. 36. 68. 119.
		Robert	12. 13. 14.

Entry Book Pages.	Names.		Nos. Returns.
		Joseph	12. 75. 110.
		Alexander	12. 36.
		John	13. 36.
		David	15.
		William	34. 81.
		George	36.
		Josiah	36.
	Patton	Benjamin	12. 68.
		Matthew	12. 13. 49. 73. 74. 90.
		John	12. 13. 57. 68. 75. 112.
		Thomas	12. 13. 48. 86. 94.
		James	12. 95.
		Jacob	12. 48. 73.
		David	12.
		Edward	13.
		Robert	13. 25. 73. 78. 79. 95.
		William	29. 94. 112.
		Jane	30.
		Arthur	36.
		Michael	65.
		Samuel	74. 75. 79.
	Patty	James	75.
		Charles	75.
	Paul	William	14. 86. 111.
		Matthew	14.
		Archibald	15.
		Jacob	119.
	Paulziger	John	20.
	Pawley	Percival	8. 78. 125.
		Anthony	8. 84.
		George	33.

Entry Book Pages.	Names.		Nos. Returns.
	Pawling	William	1. 8. 88.
	Payne	Elizabeth	2.
		George	2. 8.
		John	3.
		Joseph	57. 58.
	Paxton	Samuel	8. 36.
	Peacock	Henry	36.
		William	95.
		Levi	116.
		Abraham	118.
	Peaglor	Martin	119.
	Pearce	James	5. 39.
		Levi	12.
		Abraham	13. 38. 60.
		Dixon	33.
		John	58. 60.
		Hugh	80.
	Pearson	William	15. 65.
		John	15.
		Aaron	31. 95.
		Moses	31. 98.
		Jesse	40.
		Philip	48.
		Jeremiah	65.
		James	66.
		Henry	68.
		Abel	75.
		Anthony	75. 114.
		Enoch	75. 112.
		Thomas	91.
		Mehlon	104.
		Tabitha	111.

Entry Book Pages.	Names.		Nos. Returns.
	Peart	James	**1. 49.**
	Peckler	Martin	20.
	Peckley	Jacob	119.
	Peden	Alexander	26.
		David	26.
		William	34.
		Thomas	75. 114.
		Samuel	114.
	Peebles	Lewis	48.
		Henry	48.
	Peek	Thomas	57. 58. 86.
	Peeples	John	66.
	Peirce	John	12. 66.
		James	58.
	Pelham	William	98.
	Pelot	Samuel	17. 38.
		Francis	17.
		James	17.
		Mary	17.
		Charles	38.
	Pemberton	Josiah	75.
	Pendarvis	Thomas	2.
		William	15.
		Josiah	15. 81. 92.
		Brand	20.
		James	66.
		Sarah	82.
	Pendavis	Thomas	65.

Entry Book Pages.	Names.		Nos. Returns.
21.	Pendleton	Henry	—
	Pennington	John	25. 106.
		Jacob	57. 74. 99. 114. 116.
		William	60.
		Henry	65. 90. 114.
	Penney	Ann	3.
		William	15.
		John	75. 108.
		Henry	75.
		Thomas	94.
	Peoples	Nathan	31.
		Isom	66.
	Pepper	John	12.
	Pegues	William	31.
		Claudius	31. 111.
	Perdreau	John	8. 15. 26. 34.
	Perdue	Adam	30.
See Pardue &	Purdue	Fields	37.
		& Wilson	37.
	Perkins,	Willis, Demsey & Jesse	14.
		James	31.
		Isaac	31.
		Lewis	31.
		David	31. 38. 39.
		Daniel	75.
		Jesse	95.
		John	123.
	Perren	Abner	60.

Entry Book Pages.	Names.		Nos. Returns.
	Perret	James	8.
		John	38.
	Perrit	Samuel	31.
	Perriman	Benjamin	2.
	Perry	James	3. 25. 38. 57.
		John	8.
		Francis	8.
		Abraham	8.
		Job	8.
		Samuel	14.
		Edward	14.
		Benjamin	25. 34. 66.
		Lewis	40.
		Jesse	57.
		Josiah	57.
32.		Thomas	75. 78. 106. 110.
		Mrs.	117.
	Person	Enoch	14.
	Peterkin	John	95.
	Peter	John	13.
		Christopher	40.
		Elijah	57.
	Peterson	James	29.
		Thomas	29.
	Petrie	Alex'r	3.
		Peter	29.
	Petticrew	Robert	8.
	Petticrue	Alexander	98.
		James	98.

Entry Book Pages.	Names.		Nos. Returns.
	Pettigrew	James	36. 37.
		Ebenezer	36.
		George	36.
		William	36.
		John	108.
	Pettis	John	57.
	Pettit	Benjamin	36.
		Henry	75. 114.
		Joshua	114.
	Petty	Luke	35. 40.
		Elizabeth	65.
		James	74. 75.
		Absalom	75. 102. 106.
		Joshua	112.
		Thomas	112.
	Pew	Azariah	14.
		William	20.
117		John	—
	Peyre	Rene	5.
		Charles	14.
		John	14. 15. 49.
	Pharis	James	114.
	Phegan	Philip	68.
	Phelps	Moses	12.
		Noah	58.
		Abraham	58.
	Philips	Thomas	5. 65. 128.
		Elijah	8.
		Robert	25.

Entry Book Pages.	Names.		Nos. Returns.
		Elisabeth	25.
		Jacob	36.
		Micajah	57.
		James	58. 75. 114. 117.
		Jane	66.
		Reighney	68.
		John	75. 92.
102.		Stephen	75. 114.
	Philip	Mary	1. 3.
x	Phips	Benjamin	48.
x	Philpott	Robert	68.
		John	68.
	Phyke	Tyre	60.
	Pickens	Andrew	8. 36.
		Robert	36.
		William	36. 37.
		John	36.
		Jonathan	37.
		Joseph	37.
	Pickett	Charles	15.
		James	15. 29.
		Micajah	29. 98.
		Thomas	78.
		Jonathan	81.
	Pidgeon	Isaac	8.
	Pierce	Abner	13.
	Piercy	John	8.
	Pierson	Edward	14. 15. 65. 66.

Entry Book Pages.	Names.		Nos. Returns.
	Piggott	John	31.
		Nathaniel	31.
	Piles	Samuel	60.
		Reuben	67.
	Pincell	Emanuel	99.
	Pinckney	Hopson	1. 14. 95.
		Roger	1.
		Susannah Francis	1.
		Charles	2. 34.
		Cotesworth Charles	17. 99.
		William	89.
	Pines	Wheedon	60.
	Pinkerton	James	13.
	Pinion	Lewis	11?.
	Pinner	Wright	8. 87.
	Pipkin	Daniel	58.
	Pister	Casper	105. 110.
	Pitman	Priscilla	14.
		Philip	33. 95.
		John	60. 95.
	Pitts	John	14.
	Platt	David	8.
		Thomas	20. 95. 119.
	Platts	Jacob	15.
x	Platz	John	17.

Entry Book Pages.	Names.		Nos. Returns.
174.	Pledger	Joseph	2. 31.
		Philip	31. 58.
		John	31.
	Plowden	Edward	2.
		William	5.
	Plummer	William	75.
	Plunket	Charles	67.
		James	75.
		Robert	75.
		Christopher	114.
	Poaug	John	13.
	Pock	John	75.
	Poinsett	Elisha	3.
	Polck	Jacob	75. 112.
		Uriah	112.
	Polk	John	12. 31.
		Daniel	31.
		Luke	31.
	Pollard	Joshua	31.
		Robert	36.
		William	36.
	Pollock	Solomon	117.
	Pomeroy	John	40.
	Ponder	Susannah	8.
		Amos	36.
		James	36.
		Abner	36.

Entry Book Pages.	Names.		Nos. Returns.
	Pons	William	8.
	Pool	Abraham	8.
		Philip	66.
		John	68.
	Pooser	George	2.
		Catherine	35.
	Pope	John	14.
		Lewis	38.
		Barnaby Mc-Kinny	40.
		Ricks Isaac	48.
		Solomon	60.
		Barnaby	66.
	Popwell	William	33.
		John	92.
x.	Player	William	65. 66.
		Robert	66.
		Roger	92.
	Porcher	Paul	15. 17. 39.
		Isaac	15. 78.
		Samuel	38.
		Philip	48.
		Peter	66.
	Porker	John	15.
	Port	Francis	8.
		Benjamin	8.
		Peter	8.
	Porter	Benjamin	8.
		Samuel	12. 48.

Entry Book Pages.	Names.		Nos. Returns.
		Richard	12.
		David	12.
		Nathaniel	13.
		John	13. 58.
		Josiah	13.
		James	13. 36. 57. 58.
		William	29. 58.
		Hugh	36.
		Philip	36.
		Alexander	36.
		Hancock	104. 112.
		Landlot	104.
		Walter	31.
	Portman	John	49.
	Posey	Richard	36.
		Hezekiah	36.
		Nehemiah	75.
	Postell	James	8. 15. 48. 125.
		John	8. 40. 125.
		Jehu	25.
		Andrew	40.
		Elijah	40.
		Susannah	98.
	Poston	Thomas	88.
		John	98.
		Joseph	98.
†	Potteate	Tobias	75. 112.
	Potter	Miles	14.
		Stephen	57.
		Adam	80. 102. 108.
		Ephraim	120.

277

Entry Book Pages.	Names.		Nos. Returns.
	Potts	John	1. 8. 38.
		Thomas	8. 48.
		Eleanor	58.
		George	75.
		Roger	75. 112.
		Jesse	75.
		James	87.
		William	112.
	Pou	William	48.
	Pouncy	Anthony	31.
		Roger	33. 84.
		Samuel	33.
	Pound	Peter	40.
	Pow	Elizabeth	48.
	Powe	Thomas	25.
	Powell	Charles	3.
		Leonard	8.
		James	12.
33 ....&		Wood	14.
		Thomas	15.
		John	26. 60. 74.
		Elizabeth	30.
		Joseph	31. 65.
		Sarah	78. 88.
		George	110.
		Richard	112.
	Power	Holloway	67. 111.
	Powers	Giles	8.
		Nicholas	31.
		Francis	114.

Entry Book Pages.	Names.		Nos. Returns.
	Poyas	Lewis John	65. 66.
		Ernest John	82.
		Daniel	62.
		James	62.
"See Prator at the end of the P's"			
	Pratt	John	15.
13......................		James	15.
		Mary	35.
		William	37.
	Prescot	Esther	5. 17. 57. 58.
		Aaron	58.
		John	111.
	Presly	William	8. 85.
	Prestwood	William	31. 65.
		Thomas	31.
	Preswood	Jonathan	31.
	Prevatt	John	57.
		James	58.
	Price	Henry	8. 92.
		John	8. 13. 48. 65.
		Samuel	8.
		Daniel	14.
		William	26. 49. 82.
		Thomas	48. 49.
		George	90. 102. 110.
		Jesse	112.
	Priest	John	5.
	Priester	Nicholas	90. 102. 110.
	Priestly	John & Mary	8.
	Priggs	Elizabeth	8.

Entry Book Pages.	Names.		Nos. Returns.
	Prince	William	48.
		Edward	60. 112.
		Joseph	60.
		Francis	74. 75.
		Henry	75. 114.
93......................		Robert	90.
		Gilbert	112.
		Isom	112. 116.
	Pringle	Francis	40.
		William	66.
	Printer	Margaret	34.
150.	Prioleau	Samuel	3. 8. 57.
		John	8.
	Prishough	Frederick	104. 110.
	Pritchard	Paul	5.
		Eleanor	5.
		Joseph	58.
	Proctor	Samuel	15.
		Robert	29.
		Thomas	57.
		Richard	58. 81. 98.
		Moses	80.
		Peter	102.
106.		Francis	—
	Prothro	Evan	31. 92.
	Prow	Peter	1.
	Prue	Daniel	29.
	Pryor	Luke	33.
		John	114.

Entry Book Pages.	Names.		Nos. Returns.
	Puckett	Ephraim	30.
		William	36.
		Julaney	74.
		Warnock	112.
	Pue	Elizabeth	21.
	Puet	David	90.
	Pugh	Evan	31.
		Edward	67.
	Pullam	Robert	37.
	Punch	Mary	95.
53.	Purcell	Henry	58. 65.
	Purdue	Lilliston	60.
		Adam	60.
	Purdy	Henry	36.
	Purkey	Henry	14.
	Purnal	Robert	31.
	Pursley	John	13. 60.
		Ephraim	13.
		Moses	60.
		William	60.
		Edward	60.
		James	12.
	Purves	John	8. 25. 26. 33. 59.
		Alexander	31. 95.
		Gilbert	31.
		William	31.
		George	98.

Entry Book Pages.	Names.		Nos. Returns.
	Putman	Barnett	74.
		John	75.
10. 14.	Putnam	Henry	1.
		John	102.
		Daniel	112.
	Puttect	Tobias	74.
†	Puttillar	John	117.
	Pyatt	John	8. 57. 125.
		Peter	92.
	Pyke or	William	17. 84.
	Pike	James	82.
	Prator	William	36.
		John	36. 68.
		Philip	36.
		Basdal	67.
		Josiah	67.
	Quals	David	12.
	Quartermas	Patrick	74.
	Quash	Robert	1.
	Quatilbaum	Matthew	75.
	Quenton	Samuel	12.
	Quick	Levi	5.
		Aquilla	31.
		Thomas	31. 33.
	Quin	Daniel	112.

Entry Book Pages.	Names.		Nos. Returns.
	Quinlin	Cornelius	65.
		Dennis	66.
	Quinney	Joseph	40.
80.	Quinton	James	—
	Rabb	William	29.
		James	49.
		Robert	57.
		Vindle	110.
	Rabon	John	98.
	Rachell	John	64.
	Racher	Peter & Hardy	30.
	Radcliff	Thomas	57.
		Elisha	86.
*		John	95.
	Rafeild	John	14. 15.
	Raffarty	Malcom	42.
*	Rae	John	3. 8.
	Ragin	William	8.
		John	40.
	Raiford	Isaac	8. 40.
		Philip	57.
	Rain	Jacob	90. 109.
	"Rainey	Benjamin	67. 85.
178.		Thomas	—

Entry Book Pages.	Names.		Nos. Returns.
	Raley	Charles	65. 66. 82.
	Ramage	Joseph	68.
		Charles	95.
	Rambee	Nicholas	64.
	Rambert	Isaac	8.
	Rambow	Benyat	64.
		Jacob	64.
		Joseph	64.
	Ramsay	John	12. 29. 42.
		Robert	12.
		James	13. 65.
		Thomas	42.
		Daniel	42.
		Samuel	63.
		Hall Joseph	82.
		David	62.
	Rancy	Samuel	13.
		Thomas	13.
	Randal	Samuel	114.
	Randall	James	14.
		George	64.
		John	64.
	Randolph	James	64.
	Raney	Robert	12.
		William	98.
	Ranowrd	Abraham	58.
	Rapley	Andrews Richard	5. 38. 39. 40. 79.

Entry Book Pages.	Names.		Nos. Returns.
	Rasberry	John	31. 83.
	Rasher	Michael	31.
	Ratchford	Joseph	12.
		Moses	13.
		John	13.
	Rauch	Thomas	52.
	Raveling	John	43.
	Ravencraft	William	64.
	Ravenell	Daniel	14. 15. 57. 66.
		Elizabeth	14. 15. 66.
		Henry	14. 15. 66.
		James	14. 15.
		Demaras	66.
	Ravo	Abraham	113.
	Rawles	Luke	52.
See Roll		William	57. 58. 86.
		Cotton	65.
		John	65.
		Elisha	99. 100.
	Rawlinson	John	98.
	Ray	Nicholas	2.
		John	64.
		James	64.
		William	64. 68.
		Thomas	64.
		Isaac	64.
		Alexander	74. 75. 103.
	Raymond	Peter	58.

285

Entry Book Pages.	Names.		Nos. Returns.
	Raynard	Richard	64.
	Rea	Henry	13.
	Read	Jacob	1. 117.
		James	9. 33.
		John	14.
		Robert	14.
	Reading	Hannah	17.
	Ready	Thomas	8.
	Reams	Jeremiah	8.
	Reamy	Thomas	75. 102. 110.
	Recker	George	75.
	Redd	Dudley	114.
	Reddish	Thomas	33.
	Reddock	Abraham	64.
	Redick	Shadrach	8.
	Redman	John	49. 67.
		Williams	90. 114.
		Samuel	114.
	Reed	John	13. 38. 64. 121.
		Murray	15.
		Francis	20.
		Joseph	42.
		Samuel	42. 74.
		Hugh	42.
		George	43.

Entry Book Pages.	Names.		Nos. Returns.
		Willis	57.
		Job	64.
222......................		William	68.
		David	98.
	Reeder	Joshua	57.
	Rees	Charles	8.
		Edwin	8.
		Mary	9.
		William	57.
	Reese	Henry	21.
		Evan	119.
	Reeves	Burgess	8.
		Ann	20.
		James	64.
		Lazarus	66.
		John	88.
	Regester	Joshua	33. 78.
		Jesse	92.
	Reid	George	1. 13.
		Matthew	42.
		Shadrach	57.
		Murray	66.
		Samuel	68.
		John	112.
	Reighley	William	42.
		Patrick	67.
90......................		John	75.
		Hannah	75.
		George	107. 112.
	Reighney	Benjamin	67. 85.

287

Entry Book Pages.	Names.		Nos. Returns.
	Reiley	James	12.
		Ann	14.
		Samuel	65.
		Miles	66.
		Thomas	123.
		David	98.
	Reinhart	John	99.
		Mathias	104.
	Raisinger	Thomas	106.
	Reister	Jacob	115.
	Rembert	Abijah	2.
	Renfroe	William	112.
	Renick	John	13.
	Rennerson	George	86.
	Renneson	George	30.
	Rennick	James	12.
	Rentfro	Enoch	5.
	Rentz	George	9.
		Peter	9.
	Reynalds	James	114.
	Reynolds	Robert	8.
		William	14.
		Benjamin	29.
		Joseph	40. 63.
		John	58.
		Samuel	65. 100.
		Thomas	65.

Entry Book Pages.	Names.		Nos. Returns.
		Edward	86.
		David	100.
	Rhenys	William	63.
	Rhodas	Solomon	5.
	Rhodes	John	1. 8. 9. 64.
		Solomon	8.
		Henry	8.
		Elisha	68.
		William	84.
		Benjamin	114.
		Christopher	114.
		James	114.
	Rhodus	Elizabeth	8.
	Ricard	John	104.
	Ricart	Michael	110.
	Riccombacker	Ann	20.
See Rickenbacker—		John	21.
	Rice	John	12.
		Aaron	29.
		David	29.
		James	65.
		Micajah	65.
102...................		Thomas	—
	Richards	Luyton James	34.
	Richardson	William	1. 2. 66. 98.
		Abraham	8. 64.
		Arthur	8.
		Francis	9. 123.
		Solomon	29.
		Richard	30. 57. 65. 66.
		Daniel	35.
		Edward	40. 66.
		Benjamin	52.

Entry Book Pages.	Names.		Nos. Returns.
		Jonathan	63.
		John	64. 83. 84.
		Azariah	95.
		David	98.
	Richborough	Henry	58.
	Richbourg	William	8. 66.
		John	8. 78. 120.
		James	8. 38. 99.
		Henry	65.
	Richey	John	12. 13. 67.
		William	13. 67.
		Alexander	13.
		Robert	42. 95.
		James	75. 98. 114.
	Richison	Richard	31.
		Amos	63.
	Richmond	John	98.
	Rickenbacker	Nicholas	40.
See Riccombacker		Jacob	40.
		Ann	84.
		Henry	119.
	Rickerbower	Nicholas	20.
	Rickman	William	80. 114.
	Ricks	John	34. 38. 58.
	Riddell	Powell William	14.
		Joseph	42.
	Riddle	George	12.

Entry Book Pages.	Names.		Nos. Returns.
	Riddlehover	George	105.
	Riddlesperger	Christian	30. 83. 84.
	Ridgeway	William	66.
		John & William	68.
		Samuel	101.
		John	101.
	Ridgill	William	8. 58.
		Richard	8.
		John	8.
		Mary	8.
	Ridley	William	12.
		George	123.
	Riece	Ephraim	74.
	Rigdon	Thomas	15.
	Riggs	John	13.
		William	34.
	Righton	McCulley	95. 98.
		Joseph	113.
	Riley	Miles	9.
		John	40. 41.
		Patrick	65.
		George	119.
	Ripley	Ambrose	68.
183............		Paul	87.
	Rippon	Isaac	1.
	Risch	John	88.

Entry Book Pages.	Names.		Nos. Returns.
	Rise	Shadrach	8.
	Risener	Thomas	42.
	Riser	Jacob	52.
		George	75.
	Rish	Andrew	75.
		Adam	102.
	Risher	Benjamin	15.
	Risk	James	13.
		Adam	90.
		Andrew	90.
	Rister	Christian	110.
	Ritchie	Mary	68.
		John	68.
	Ritchman	John	15.
	Ritter	Jesse	92.
	Rittsendall	Martin	65.
	Rivers	Robert	1.
		Mary	8.
		John	8.
		Malory	30.
		Frederick	31.
		S. William	49.
		Jones	68.
		Thomas	87.
	Rives	John	20. 58.
		Benjamin	29.

Entry Book Pages.	Names.		Nos. Returns.
		William	30. 39. 41. 57.
		Green	41.
		Timothy	66.
		Henry	88.
	Roach	James	58. 65. 98.
		Thomas	78.
45.		William	—
	Roachell	John	78.
	Road	William	21. 119.
	Roaden	William	29.
		James	29.
		John	29. 57. 58.
		George	52.
	Roberson	John	73.
		James	92. 95.
		Matthew	79.
	Robert	John	40. 65. **66.**
	Roberts	John	8. 17. 29. 30. 39. 120.
108.		Abraham	8. 98.
		James	9. 57.
		Jesse	13.
183.		George	16.
		Peter	17.
		Lewis	29. 52.
		William	29. 88.
		Roger	29.
		Zachariah	30. 98.
		Elias	30.
		Philip	31.
		Stephen	58. 78.
		Mary	64.

293

Entry Book Pages.	Names.		Nos. Returns.
		Ammond	64.
		Absalom	64.
		Walter	74. 75.
		Amos	78.
		Zephaniah	88.
		Obediah	102. 114.
186.		John Hardy	—
	Robertson	William	1. 8. 40. 42.
		John	9. 15. 42.
		Joseph	12.
		Robert	13.
		Henry	65.
32.		James	66. 78.
		Nathaniel	74.
	Robins	Joseph	12.
		Thomas	117.
		William	120.
	Robinson	Patrick	12.
		William	12. 30. 57. 65.
		James	12. 66. 80. 112.
		John	15. 34. 57. 58. 68. 102. 106.
		William John	21.
		Nicholas	31. 95. 98.
		Joseph	52.
		Thomas	65.
		George	66.
		Frederick	66. 95.
		Littleberry	66.
		Ann	74.
		Joseph	74.
		Matthew	75. 80. 112.
		Isaac	80. 112.
		Nathaniel	80. 114.
		David	95. 112.

Entry Book Pages.	Names.		Nos. Returns.
		Alexander	98.
		Randall	110.
		Israel	112.
		Richard	114.
		Samuel	13.
		Peter	13.
	Robison	George	3.
		William	29. 63.
		John	30.
		Robert	30. 42.
		Isaac	30.
		Lark	40.
		Matthew	42.
		Joseph	49.
		Elisha	63.
		Basdale	67.
	Rochaleer	Robert	42.
	Roche	Ebenezer	2. 9.
		Thomas	8.
		Patrick	9.
	Rock	Henry	12.
	Rockett	John	64.
112.	Roderique	Hortaler & Co.	
	Rodes	Elizabeth	92.
	Rodgers	Edward	66.
		Andrew	67.
		William	67.
		& McNees	75.
		Kinsey	68.

Entry Book Pages.	Names.		Nos. Returns.
	Roe	Andrew	29.
		Solomon	29.
		Walter	49.
	Roebuck	Ezekiel	64.
		John	**64. 114.**
		Robert	64.
		Rawley	64.
		Benjamin	74. 75. 114.
		George	114.
	Rogan	Phil	42.
	Rogers	Ralph	12.
		Matthew	13.
		William	13. 75. 85. 112.
		David	8. 40.
		John	8. 49. 52. 58. 67. 68. 98.
		James	15. 68.
		Edward	31.
174.		Benjamin	33. 88.
		Peter	42.
		Jeremiah	42.
		Clayton	58
		Daniel	63. 64.
		George	64.
		Felix	64.
		Meshach	66.
		Thomas	8.
		Andrew	68.
		T. William	68.
		Gasway	68.
		Richard	112.
32.		Major	—
149.		Ulyses	—
	Roland	Isaac	8.
		Jacob	88.

Entry Book Pages.	Names.		Nos. Returns.
	Roll	Thomas	110.
	Rollesson	Benjamin	8. 65. 66.
		Richard	58.
		William	58.
		George	58.
	Romanstine	George	52.
	Rambo	Laurence	5.
	Roof	John	52.
		Sebastian	52.
	Rooker	Michael	119.
	Root	Josiah	91.
	Roper	William	2. 101.
		Thomas & William	9.
	Rosamond	Samuel	42.
		James	43.
	Rosborough	Alexander	12.
		William	13.
	Rose & Torrans		2. 34. 65. 95.
		Alexander	57. 87. 125.
		John	66. 86. 91. 92.
		Torrans & Burke	91.
	Rosell	George	86.
	Rosier	Meshach	66.

Entry Book Pages.	Names.		Nos. Returns.
Ross	Brown	Arthur	2. 8.
		Isaac	15. 86.
		George	9. 67. 98.
		Hugh	12.
		Elizabeth	12.
		James	13. 111.
		Rachel	13
		Francis	13.
		William	13. 14. 42. 88.
		John	13. 110.
		Richard	29. 106.
		George & James	12.
		Robert	42. 67.
		Andrew	43. 92.
		Thomas	63.
		Moses	66.
Rothmahler		Job	1. 8.
		Erasmus	66.
Rottan		William	90.
Rottenberry		William	58.
Roulain		James	118.
Roundtree		Job	57. 64.
		Reuben	57.
		Jesse	63.
		Abner	64.
		Joseph	64.
		Richardson	75. 112.
		Turner	75. 104.
		James	112.
Rouse		Sarah	8.
		Neale	31.
		Deborah	33. 66. 92.

Entry Book Pages.	Names.		Nos. Returns.
		Moses	58.
		Frederick	66.
	Roux	Albert	39.
	Rowan	Benjamin	13.
		Lewis	31.
		William	31.
		John	33. 58.
	Rowall	Jonathan	31.
	Rowdons	Elizabeth	8.
49.	Rowe	Christopher	8. 20. 34. 92. 119.
		Edward	8.
		Andrew	64.
		Benjamin	68. 95.
	Rowell	Edward	8. 43. 64.
		Valentine	58.
	Rowland	Samuel	106.
	Rowley	Job	78.
	Roy	John	95.
		Luke John	114.
		George	119.
	Royall	William	2.
	Royley	Philip	15.
	Rubil	Peter	75.
	Ruff	George	74. 75. 110.
		Cudgick	110.

299

Entry Book Pages.	Names.		Nos. Returns.
	Rumph	David	8. 20. 38. 40. 58.
	&	Sally	8.
12. 15. 22. 41. 51. 61. 62.....		Jacob	20. 40. 95.
		Christian	30.
		Abraham	66.
32.	Runnells	William	65.
	Ruple	Martin	21.
	Rush	Benjamin	112.
		John	119.
	Rushing	Matthew	31. 57.
		John	31.
		William	57.
		Paul John	66.
		Sabina	66.
	Rusk	David	73.
	Russell	William	2. 33. 74. 110.
		James	8. 14. 42. 86. 100.
		David	8.
		John	8. 42.
		Matthew	15.
		Richard	29.
		Stephen	31. 92. 98.
		Thomas	33.
		Timothy	43.
		Jeremiah	52.
		Michael	98.
		Andrew	102. 110.
	Ruth	Adam	9.
	Rutledge	John	8. 15. 45. 49. 65. 66.
		Edward	62. 86.

Entry Book Pages.	Names.		Nos. Returns.
	Rutter	Jesse	92.
	See Ritter		
	Ryans	John	30. 63.
		John & Co.	35.
		Benjamin	64.
		Lacon	64.
32.		Michael	—
	Ryley	Edmund	20.
		George	40.
	Rynalds	Samuel	114.
	Sabb	Morgan	20. 38. 52. 119.
		Thomas	40. 49. 95.
	Sadler	George	12.
		Richard	12.
		David	12.
	Saller	Elizabeth	66.
	Sally	John & others	20.
		John	30. 119.
	Salmon	George	74.
	Salsbury	Andrew	40. 52.
		John	52.
	Salser	Adam	110.
	Salter	Peter	29.
	Saltus	Samuel	3.
		Mary	34.
61.		John	—

301

Entry Book Pages.	Names.		Nos. Returns.
	Saltzer	Jacob	95.
	Samerford	William	12.
	Sample	Robert	42.
		John	42.
		James	42.
96.		Elick	—
96.		Samuel	—
	Sampson	Daniel	3.
	Sanders	Sarah	2.
		George	2. 65. 66.
		Peter	3. 8.
		William	5. 15. 30. 66. 80.
		Charles	5. 38.
		Thomas M.	8.
		Isaac	66.
		Andrew	66.
	Sandiford	Abraham	12.
		Samuel	12.
		Peter	12.
	Sandifur	Philip	13.
	Sandle	Peter	21. 119.
	Sandlin	John	14.
		Daniel	20.
	Sandling	James	112.
	Sansberry or bury	Daniel	31. 98.
	* Sapp	Dill	57.
		Darling	57.
		William	57.

Entry Book Pages.	Names.		Nos. Returns.
102.		John	58
102.		Caleb	—
102.		Shadrach	—
102.		Henry	—
	* Sansum & Carey		1.
		John	1. 9. 40. 42. 57.
		Samuel	68.
	* Sant	Thomas	38.
	Sarrat	Allen	114.
		John	114.
	Sarrazin	Jonathan	52.
	Sartor	John	75.
		Peter	112.
		William	112.
	Satterwhite	Bartlett	64. 67.
		John	67. 68.
	Saucy	David	17. 58.
26.	Sauls	Abraham	—
	Saultsor	Adam	90.
	Saunders	Milley	2.
		Elizabeth	2.
		Roger P.	2. 30.
		James	14.
		Thomas	29.
		John	31. 57. 58. 66. 80. 86. 95.
		Nathaniel	31. 33. 98. 116.
		Mrs.	42.

Entry Book Pages.	Names.		Nos. Returns.
		Margaret	65.
		Cornelius	80.
		Joshua	52. 102. 112.
	Savage	Richard	3. 112. 117.
		Nathan	8. 52. 78.
		Samuel	63. 98.
		John	64. 104.
		Robert	64.
		William	75. 95. 112.
		James	104.
		Benjamin	104. 112.
	Sawyers	John	63.
	Saxby	George	125.
142. 184.	Saxon	Joshua	30. 67. 75.
		Charles	67.
		Hugh	67.
		Lewis	67.
		John	67.
		Achilles	68.
		Yancy	68.
	Saxton	Thomas	75.
	Saylor	Elizabeth	21.
	Scales	George	75.
	Scane	Adam	102. 112.
		John	102. 112.
		Nicholas	104.
	Scarff	Joseph	34.
	Sceefs	Christopher	75.

304

Entry Book Pages.	Names.		Nos. Returns.
	Schad	Abraham	8. 42. 83.
	Schimmel	George	88.
	Schuller	Nicholas	21.
	Scism	William	63. 107.
		Frederick	64.
		Stephen	75. 108.
		Joshua	102. 106.
		David	112.
	Scisson	Martin	15. 58.
		Frederick	65.
		William	75.
	Scott	Archer	1.
		William	2. 8. 31. 52. 58. 65. 67. 68. 73.
		John	8. 88. 91. 123.
		Alexander	8.
		Archibald	12. 29.
		James	13. 30. 63. 68.
		Francis	33.
		Robert	33.
		Thomas	42. 64. 88. 98.
		Moses	58.
		Samuel	64. 67.
		Cason	66.
		Robert & James	68.
		Abraham	84.
		Josiah	95.
		Joseph	113.
		Benjamin	120.
	Scottow	Samuel	120.
	Scrimsher	Robert	64.

305

Entry Book Pages.	Names.		Nos. Returns.
	Scriven	Thomas	2.
		Benjamin	8. 99. 125.
		Elisha	92.
	Scrugg	William	8.
		Jesse	64.
	Scull	Edward	82.
	Scurry	Thomas	8.
	Seabrook	Joseph	82.
	Seagrove &	Caton	30.
	&	Plunket	34.
	Sealey	Biggen	16.
		John	29.
144......................		Samuel	29.
		Joseph	40.
	Sealy	John	95.
71.	Seamon	Charles	—
	Searson	Thomas	58.
	Seawright	William	43.
		James	43.

16. 92. 135. 154. 171. 206. 241—Secretary's Office.

	See	John	52.
		Susannah	52.
		Nicholas	52.
	Seeley	James	64.
	Seelton	Robert	75. 112.
		William	75.
		Thomas	112.

Entry Book Pages.	Names.		Nos. Returns.
	Seen	Mathias	21. 119.
	Seezetrunk	Henry	20. 119.
		Casper	21. 52.
	Seley	Peter	15.
236. 250.	Self	Presley Samuel	64. —
	Selfridge	Robert	43.
	Sellars	John	12. 119.
		William	31. 65.
		Hardy	33.
		Thomas	63.
		Silas	64.
		Howell	64.
		Jacob	119.
	Selman	Jeremiah	114.
2. 30. 144. 157.	Senf	Christian	—
	Senn	Mathias	52.
		Henry	58.
	Serves	John	8. 12.
	Sesler	Peter	75.
	Sessions	John	3. 8.
		Silas	8.
		Josiah	8.
		Solomon	8.
	Setsler	Adam	90.
		George	110.

Entry Book Pages.	Names.		Nos. Returns.
	Setzler	Adam	75.
	Seville	Anthony	108.
	Sexton	Edmund	31.
	Seymour	Stephen	2.
32.	Shaddon	David	66.
	Shaffer	Nicholas	64.
	Shampaign	Francis	123.
	Shane	John	92.
	Shanklin	Thomas	43.
	Shanks	James	42.
		Matthew	42.
	Shannon	Thomas	15.
		Jeremiah	21. 119.
		William	42.
		Quinton	42.
		John	95.
	Shark	Christopher	119.
	Sharp	John	12. 42.
		James	34.
		Francis	42.
		Edward	42.
		William	104.
	Sharpton	John	64.
	Shaver	Michael	64.
		Frederick	75.

Entry Book Pages.	Names.		Nos. Returns.
	Shaw	William	12. 75. 112.
		Daniel	64. 75. 112.
		Samuel	74. 112.
		Patrick	75. 107. 112.
		David	110.
		Gilbert	112.
	Shearer	James	68.
†	Shearley	Champion	74.
	Sheaver	Francis	40.
	Sheckle	Adam	66.
	Shecut	Abraham	1.
	Shed	William	80.
2.	Sheed	George	66.
	Shelly	Emanuel	100.
	Shelton	George	12.
	Shepherd	Christopher	15.
		John	30. 110. 121.
		George & Martin	52.
		James	110.
		Lewis	110.
	Sherley	Thomas	8.
		James	64.
†	Sherly	Champion	64.
	Shields	Jeremiah	102.
	Shilley	Abraham	49.

Entry Book Pages.	Names.		Nos. Returns.
	Shingler	James	21. 119.
		Simon	78. 98.
		George	119.
	Shinhall	Nimrod	64.
	Shinhalter	William	64.
	Shinholster	Mrs.	64.
	Ship	William	29.
	Shipman	Edward	64.
	Shippey	John	75.
		Samuel	80. 109. 112.
	Ships	David	66.
	Shirer	Paul	20.
		Jacob	110.
	Shirley	William	123.
	Shirks	Philip	64.
	Shiver	Henry	5. 35.
	Shockley	Thomas	95. 112.
		James	112.
		John	112.
	Shoemake	Samuel	31.
		John	31.
		Elizabeth	31. 40.
		Moses	31. 65.
	Shoemaker	Sampson	58.
		Dorcas	91. 119.

Entry Book Pages.	Names.		Nos. Returns.
	Shooler	Henry	58.
		Nicholas	119.
	Short	William	123.
	Shorter	David	66.
	Shote	Christopher	68.
	Shrewsbury	Stephen	1. 62.
		Edward	2. 30.
		& Laurence	9.
	Shropshire	Walter	52.
	Shuker	Casper	12.
	Shuler	George	1.
	Shumann	Martin	2. 66.
	Shurley	William	83.
		Edward	114.
	Sheveigart	George	119.
	Sibley	John	38.
		William	52.
		Jesse	52.
	Siece	Leonard	110.
	Sieglar	David	63.
"See Zigler"		George	64.
		William	74. 102. 110.
		John	110.
		Michael	119.
	Siglor	Mary	20.

Entry Book Pages.	Names.		Nos. Returns.
	Silversides	William	114.
"See Sylvester"			
	Simmons	Charles	30. 68.
		Jeremiah	30. 73. 78.
		Vincen	31. 98.
		John	33. 52. 66. 121.
		Randolph	49.
		James	66.
	&	Smith	75.
		William	108. 114.
32.	Simon	Peter	—
	Simmons	Maurice	1. 65. 66. 95. 99. 100.
		Keating	1. 92.
		Peter	8. 34.
		Benjamin	30.
	&	Addison	38. 39.
		Jesse	52. 66.
		Shadrach	52.
32.		James	83.
	Simonton	John	12.
	Simpkins	Arthur	63.
		John	64.
		William	64.
	Simpson	Patrick	1.
		Archibald	2. 52.
		William	3. 30. 39. 67. 68. 102. 112.
		John	13. 29. 42. 74.
		Hugh	13.
		Sophia	21. 85.
		James	42. 86. 95.

Entry Book Pages.	Names.		Nos. Returns.
		Rodam	58.
		Mary	67.
		Samuel	75. 112.
		Widow	75.
	Simril	James	95.
	Sims	Josiah	15.
		Benjamin	15.
		Samuel	31.
		Thomas	31.
		David	31.
		Joseph	40.
		Nathan	42.
		John	43. 58.
		Edward	57.
		William	68.
		Cleburn	68.
		Charles	75. 90. 92.
	Sing	John	8.
	Singletary	John	8.
		Joseph	8.
85. ……………		Richard	—
	Singleton	Thomas	1.
		Benjamin	2. 8. 121.
		Matthew	2. 8. 52.
		John	8. 15. 57. 66. 82. 87.
		Richard	8. 12. 91. 99.
40. ……………		William	8. 66. 68.
		Robert	8.
		Joseph	30.
		Ann	33. 38.
		Ripley	87.

313

Entry Book Pages.	Names.		Nos. Returns.
	Singley	Rachel	75.
		Jacob	104.
	Sinkfield	Francis	75.
	Sinkler	James	5. 49.
		Peter	5. 49.
	Sinquefield	Samuel	30.
		Francis	64.
	Sizemore	Ephraim	64.
		George	64.
		William	64.
		Noel	64.
	Skeen	Alexander	8.
	Skellin	William	8.
	Skelton	John	8.
		Robert	106.
	Skillen	William	66.
	Skinner	Charles	92.
	Skipper	Amos	33.
		Bryan	57.
		Gilbert	123.
124.	Skirving	James	1. 2. 8. 65.
		William	66. 117.
177.....................		Charles	—
	Skrine	John	15.
	Skurlock	William	8.

Entry Book Pages.	Names.		Nos. Returns.
	Slack	John	52.
	Slaiter	John	52.
		George	52.
		Levi	52.
	Slann	Andrew	3.
		Joseph	3.
		Peter	3.
110.		Thomas	—
	Slappy	George	20.
		John George	21. 119.
		Isabella	21.
32.	Slaton	Major	66.
	Sleaker	George	38.
	Slecker	William	12.
	Sleigh	Samuel	8. 14.
		Hugh	14. 34.
		William	15. 88.
		Philip	104.
		Jacob	106. 110.
		George	106. 110.
	Sleigle	Christopher	20.
	Sloan	John	14.
		William	52.
	Slover	John	52.
	Sly	Charles	65.

315

Entry Book Pages.	Names.		Nos. Returns.
	Smart	James	5. 31. 65. 66.
		Nathan	58. 95.
		William	66.
	Smiley	John	2. 8. 65. 66.
		William	13.
		David	64.
	Smiser	Jacob	5.
		Paul	8. 117.
	Smith	Benjamin	1. 2. 14. 42. 63. 125.
147.		George	1. 8. 30. 31. 42. 49 57. 58. 66. 75. 78. 83. 86. 110.
		William	1. 8. 9. 15. 58. 64. 66. 68. 74. 75. 98. 102 104.
		Christian John	1.
		Francis	1. 2.
		Henry	2. 8. 13. 52. 58. 123.
		Thomas	2. 8. 12. 40. 41. 52. 66. 114. 125.
		Carroway John	2.
		John	2. 8. 12. 15. 17. 29. 34. 38. 42. 49. 63. 64. 66. 75. 88. 92. 95. 98. 112. 114. 116. 121.
		Elizabeth	2.
22.		Robert	2. 3. 15. 21. 29. 98.

Entry Book Pages.	Names.		Nos. Returns.
32.		Ralph	3. 15. 74. 75. 109.
		Andrew	5.
		Nehemiah	8.
		Jeremiah	8. 15. 98. 117.
		Samuel	8. 40. 52. 57. 58. 62. 114. 125.
		Richard	8. 65.
		Ward John	8
		James	8. 12. 13. 14. 15. 17. 40. 58. 66. 95. 98. 114. 117.
124.		Philip	8. 65.
		Moses	8.
		Joshua	9.
		Joseph	9. 12. 42.
		Abraham	12.
		Nicholas	12.
		Stephen	14. 15. 52. 57. 66. 78.
		Daniel	14. 29. 31. 64. 66.
		Henry & Daniel	13.
		Catherine	15. 79.
	Smith	Reuben	15. 80.
		Abner	15.
		Joel	15. 114.
		Christian	21.
		Esau	30. 102.
		Mary	31. 38.
		Alexander	40. 64.
		Archer	41. 98.
		David	42.
		Job	42.
		Ezekiel	43.
		Charles	52. 114.
		Peter	57. 114.
		Absalom	58.

Entry Book Pages.	Names.		Nos. Returns.
		Aaron	58. 114.
		M. Jacob John	63.
		Smallwood	64.
		Jacob	64.
		Simon	66.
		Susannah	66.
		Christopher & Cha's	67.
		Jerard	67.
		Zopher	74. 109. 114.
		Flemming	74. 114.
	&	Simmons	75.
		Christopher	75.
		Nathan	75. 114.
		Caleb	75. 112.
		High James	100.
		Enoch	110.
		Giles	114.
		Hancock	114.
		Roger	114. 117.
		Janet	118.
		Bastian	119.
		Zebulon	123.
		Solomon	123.
		Elias	123.
174.		Edward	—
	Smoke	Andrew	52.
62.		Michael	—
	Smook	Thomas	21. 119.
	Smyth	James & John	65. 125.
		John	65.
	Snatt	John	121.
	Sneed	Benjamin	120.

Entry Book Pages.	Names.		Nos. Returns.
	Snell	Henry	20. 119.
		Adam	20. 58. 119.
		John	40. 119.
		Peter	40.
		Frederick	40.
	Snellgrove	Henry	14. 75.
		John	52.
		Sarah	74.
	Snelling	John	66.
	Snellson	James	64.
		Thomas	64.
	Snider	Mary	20.
		Adam	75.
		Henry	110.
48.		Paul	—
	Snipes	Clay William & Ford	2. 15. 83.
	Snoddy	John	75. 114.
		Samuel	114.
	Snow	William	1. 8. 52.
		James	1. 3. 52. 73.
		David	30.
		Hannah	58.
		George	78. 92.
	Somersall	William	1.
	Sommerall	Jesse	2. 8.
		William	49.

Entry Book Pages.	Names.		Nos. Returns.
	Sommers	Henrietta	2.
	See Summers	John	2. 9. 79.
		Humphry	9. 29. 30. 52.
	Sons	Andrew	74. 75. 102.
	Sords	John	13.
	Sorter	John	107. 112.
	Southwell	Sarah	2.
	Sowers	William	75. 110.
	Spakeman	William	67.
	Span	George	30.
		Charles	52.
		Moses	75. 104. 114.
		Alexander	98.
	Spance	Robert	52.
	Sparks	Daniel	31.
		Samuel	86.
		William	102. 110.
		John	112.
	Speakes	George	68.
		John	68.
		Richard	75. 102.
	Spears	William	3. 8. 42. 58. 74. 112.
		David	31.
		John	34.
	Speel	Jacob	21.
		Jonas	21. 119.

320

Entry Book Pages.	Names.		Nos. Returns.
	Speight	Moses	31.
	Spellings	Briton	52.
	Spence	Joseph	20. 118.
		Robert	20. 68.
		Alexander	42.
		William	68.
		Andrew	116.
		James	118.
	Spencer	George	3. 58.
		Calvin	15. 33. 58. 95. 98.
		John	64.
	Spidell	Adam	95.
	Spidle	Abraham "Say Eberhart"	62.
	Spigner	Frederick	58. 119.
	Spikes	John	123.
	Spillers	Higdom	65.
87	Spinney	George	—
	Spires	Zachary	12.
	Spivey	William	8. 52.
		Littleton	9.
		James	33.
	Splean	William	13.
49.	Sponce	Francis	—

Entry Book Pages.	Names.		Nos. Returns.
	Spradley	Bryant	1.
		Andrew	40.
		Charles	57.
	Spraggins	Thomas	63.
		William	63.
		Clark	64.
	Spragins	William	75.
	Spratt	Thomas	13.
	Spray	Jesse	35. 75.
	Spring	Ann	2.
		Dorathy	21.
		Robert	38.
		Widow	119.
	Springer	John	75. 107.
40.		Margaret	—
186.		Silvester	—
	Spurlock	Elizabeth	20.
		Robert	117.
	Squires	Andrew	8.
	St. John	Andeon	49.
		Thomas	64.
	St. Martin	———	2.
”	Stabler	Godlip	119.
	Stacey	Robert	80.
	Stack	Henry	20. 119.

322

Entry Book Pages.	Names.		Nos. Returns.
	Stackhouse	William	57. 58.
	Stacks	Joseph	84.
	Stadler	Martin	52.
		John	52.
	Stafford	Arthur	1.
		John	2.
26. 84.		William	2. 30.
		Robert	8. 30. 57. 58.
		Joshua	8. 30. 57.
		Thomas	57.
		Richard	57. 58.
226.		Edward	58.
		Seth	58.
	Staggers	John	8.
	Staley	Peter	40. 119.
		John	119.
	Stallions	Malachi	64.
	Standard	William	33. 66. 92. 98.
	Standerland	Jacob	8.
		James	8.
	Stanford	Thomas	12.
	Stanley	Joshua	20.
		Shadrach	31.
		John	40.
	Stannaland	James	8.

Entry Book Pages.	Names.		Nos. Returns.
158. 185	Staphorst	Van Jacob & Nicholas.	
"	Stapler	Gutlip	20.
	Stare	John	30.
	Starke or Starks	Henry	31.
		Robert	42. 64.
		Reuben	57. 58.
		Thomas	58. 68.
		William	58. 68.
		James	68.
		John	68.
		Douglass	98.
	Starn	John	29.
	Starns	Peter	52.
	Starnicker	Samuel	64.
	Starr	John	12. 64.
	Starrat	Thomas	8.
	Stawlsworth	William	64.
	Stead	Benjamin	2.
		William	34. 49.
	Steadman	Michael	12.
	Stearly	Jacob	75. 110.
	Stearnes & Starnes	Daniel	62.
		Levi	64.
		Ebenezer	68. 74. 92.
		Aaron	68.

Entry Book Pages.	Names.		Nos. Returns.
	Steddem	John	64.
	Stedman	Edward	12.
		John	13. 43
		James	99.
		James	14.
	Steel	Joseph	13.
		Henry	14.
		John	13. 94.
		Thomas	30.
		Charles	42.
		Isaac	42. 43.
		Alexander	42.
		Aaron	43.
		Robert	94.
		William	42. 94. 112.
161. 164. ...	Steele	William	12. 30. 75.
		Thomas	12.
		John	12. 75.
		James	12.
		Robert	75.
	Steen	James	74. 75. 107. 112.
		William	102. 108.
		Eleanor	111.
		John	112.
x	Steinwinder	Frederick	20. 52.
		Everard	20. 119.
	Stenson	Lewis	58.
		Nathan	58.
32.		William	—
	Stephens	George	1.
&	Stevens	Jervais Henry & Co.	2.

325

Entry Book Pages.	Names.		Nos. Returns.
		Isham	3.
		Joshua	3.
		Isaac	3.
		John	3. 8. 67. 68. 98.
		David	8. 58.
		Jacob	8.
		Charles	15.
	&	Darby	31.
		Burrell	42.
		Stephen	42.
		James	49.
		Baalam	64.
		S. William	82.
		Joseph	92. 95.
		Samuel	98.
		Daniel	114.
		Washington John	123.
5. 8. 14. 25. 39. 40. 41. 53.	....	Henry Jervais	
	Stephenson	Thomas	5.
		Moses	8.
		William	13.
		John	13. 30.
		Andrew	13. 86.
		James	30.
	Sterling	Isaac	78.
	Stevener	George	65.
	Stevenson	Alexander	12.
		William	12. 114.
		Robert	12.
		James	12.
		David	12.
		Thomas	42. 62.
		John	62. 65.

Entry Book Pages.		Names.		Nos. Returns.
		Stewart	Thomas	1. 8. 9. 52.
	&	Stuart	Matthew	8.
			Alexander	12. 42. 49.
32.	....		John	12. 31. 43. 110.
			William	12. 40.
			Hugh	12.
			Archibald	12.
			Robert	12. 29. 30.
			James	13. 15. 68. 110.
			Adam	42. 75.
			Mary	63.
			Isaac	66.
			Isabel	67.
			Joshua	75.
			Charles	95.
			Andrew	99.
			Hardy	111.
		Stiffle	James	64.
32.		Stinlion	Thomas	—
x		Stinwinter	Frederick	8.
		Stitt	William	8. 58.
		Stobo	James	1.
			Park Richard	14. 65.
		Stock	John	2.
		Stocker	Samuel	21.
			Alexander	83.
		Stockman	Angel	74.
			Peter	75. 90.
			John	90.
			Henry	110.
			Stoffle	110.

Entry Book Pages.	Names.		Nos. Returns.
	Stoker	Robert	64.
		Matthew	64.
		Mark	64.
		John	64.
	Stokes	John	14.
		William	13.
		Thomas	39.
		Nathaniel	90.
	Stoll	David	17.
		Rebecca	17. 78. 79.
	Stone	Philip	8.
		Austen	8. 98.
		Thomas	8.
184		William	29. 43. 98. 110.
		John	29. 49. 118.
		Joshua	34.
		Moses	49.
		Jacob	49.
		Richard	58.
		Benjamin	67. 98. 114.
		Cuthbert	80.
	Stoots	David	52.
	Story or Storey	Charles	34.
		Henry	74. 94.
		John	74. 94. 112.
		James	75. 94.
		George	75. 94. 112.
		Anthony	94. 112.
	Stott	Abdelt	78.
	Stoutenburgh	William	17.

Entry Book Pages.	Names.		Nos. Returns.
	Stoutenmyer	Martin	20.
	Stoutingmire	George	110.
	Stoutmire	Martin	119.
		Mathias	119.
	Stoy	John	82.
	Stow	John	49. 92.
	Strain	James	8. 29. 42.
		John	29. 42.
		William	42.
		Samuel	42.
		David	42. 65.
		Thomas	42.
	Strange	Mitchell	34.
		Isom	49.
		John	74. 112.
	Strawder	Jacob	64.
	Stretch	William	57. 58.
	Stribland	Thomas	104.
		Clayton	104. 112.
	Stricklin	William	8.
	Stright	George	12.
		Christopher	13.
	Stringer	Daniel	42.
		George	43.
		John	43.
		William	64.
	Strobhar	John	17. 49. 52. 118.
		Jacob	57.

Entry Book Pages.	Names.		Nos. Returns.
	Stroble	Daniel	30.
	Stroginer	Henry	95.
	Strohager	Rodolph	8.
62.	Stroman	Jacob	20. 119.
		John	20.
		Henry	40. 52. 119.
	Stromar	Paul	40.
	Strong	Christopher & Wm.	13.
139.............		Christopher	—
		James	15.
		Robert	38.
	Strother	Richard	8. 15. 58. 104.
		George	21. 31. 119.
		T. Kemp	49.
		William	58.
	Stroud	William	12. 15.
		Thomas	12.
		Hampton	12. 15.
		John	12. 31. 114.
		Joshua	31.
	Strowd	Daniel	79.
	Stubbs	John	31. 33.
		Lewis	33.
		William	33.
		James	42.
		Peter	42.
		Stephen	65.
	Stucker	Jacob	110. 119.

Entry Book Pages.	Names.		Nos. Returns.
	Studivent	John	66.
153.	Stupich	Mathias	—
	Sturgenacre	John	63.
109.	Such	Samuel	—
	Sullivan	John	1. 8. 63.
		George	64.
		Patrick	64. 114.
		David	64.
		Owen	64.
		Goodson	64.
		Jonathan	64.
		Hulet	68.
		Moses	68.
		Philip	95. 117.
	Sullivant	John	1. 30. 52.
		Hampton	31.
	Summerford	Sarah	31.
	Summerlin	Thomas	33. 91.
		James	64.
	Summers see Sommers	Adam	14. 75.
		Henry	74. 75. 90. 110.
		Francis	75. 110.
		Adam John	75. 79. 90. 105.
		William	90. 110.
		George	110.
		Paul	121.
	Summerwell	George	65.
	Sumner	Thomas	83.

Entry Book Pages.	Names.		Nos. Returns.
136.	Sumpter	Thomas	30. 65.
	Surginer	John	66.
	Suss	Susannah	92.
	Susuck	Ursala	20.
	Sutcliffe	Silvester	87.
		William	87.
	Sutherlin	Francis	42.
	Sutley	James	64.
	Suttles	Francis	64.
	Sutton	Jasper	9. 111.
		Hugh	12.
		Jacob	12.
		Benjamin	29.
		Samuel	65.
		Dred	98.
		William	116.
	Swain	John	42.
		Robert	42.
2nd. 103.	Swainsford	Samuel	102.
	Swan	Robert	12.
		John	13.
		Mary	34. 78.
	Swansey	Robert	42.
	Swearingham	Vann	38. 63. 64.
		Joseph	43.

Entry Book Pages.	Names.		Nos. Returns.
		Thomas	64.
		John	64.
		Frederick	64.
	Sweat	John	33.
	Sweatman	Augustine	87.
	Sweet	Anthony	8.
		Kezia	58.
88.	Sweightenburgh	John	74. 75.
	Sweitzenburgh	Everhart	90. 102. 110.
		John	105. 110.
	Swicord or Swigart	George	8. 78. 98.
		Jacob	8. 9. 58. 78.
		Michael	58.
	Swigard	George	110.
		Martin	110.
	Swilla	John	29. 57.
	Swilley	Samuel	30. 57.
	Swiney	Dennis	8.
		Edmund	52.
34. 35.	Swinton	Hugh	1. 2. 5. 57. 66.
		William	8. 15.
		Alexander	52.
86.	Switzer	Henry	—
	Swords	William	13.
	Syders	John	29.

333

Entry Book Pages.	Names.		Nos. Returns.
	Syfrett	Rebecca	20. 119.
		Adam	119.
		Alexander	119.
	Sylvester	Astberry	2.
	Syme	John	29. 30. 85.
	Taff	George	65.
	Taggard	John	85.
		James	85.
	Taggart	Mary	2.
	Talbert	John	75.
		Samuel	112.
	Talbird	Henry	5. 52.
		Thomas	30. 58.
	Tallman	Richard John	1.
	Tamplatt	John	8.
	Tandy	Achilles	64. 82.
	Tankesley	Charles	104.
	Tankinsly	William	112.
	Tanner	William	57.
		Lynn	57. 86.
		Noah	57.
		Benjamin	58.
		Josiah	74. 80.
	Tanseller	Mary	20.

Entry Book Pages.	Names.		Nos. Returns.
	Tapper	William	14.
	Tarrar	Jacob	20.
	Tarrard	Jacob	115.
	Tart	Nathan	1.
	Tate	Robert	13.
		Campbell George	13.
		Richard	64. 75.
		Alexander	66.
		Samuel	66.
	Tateman	Daniel	66.
	Taurence	William	64.
	Taylor	Oliver	2. 66.
		Christopher	2.
		Samuel	2. 30. 66. 111.
		John	3. 38. 65. 75. 78. 87. 110. 114
		Ann	8.
		William	8. 12. 29. 30. 38. 58. 74. 75. 104. 110. 123.
		Ruffin	8
		Peter	8.
		Billington	9.
		Joseph	9.
		Thomas	15. 30. 57.
		James	15. 29. 42. 64.
		Jacob	29.
		Isaac	29. 79.
		Francis	30. 68.
		Champneys	40.
		Meredith	40.

335

Entry Book Pages.	Names.		Nos. Returns.
		Jeremiah	40.
		George	52. 68. 104.
		Paul	62.
		Andrew	42.
		Ward	64.
		Chapman	64.
		Nery	64.
		Jane	66.
		Jonathan	67. 78.
		Sarah	73.
		Henry	75.
		Drury	102. 114.
		Martin	102.
		Adam	104. 110.
		Elkin	108.
		Lewis	108. 112. 114.
	Teague	John	9.
		Alec	34.
		Samuel	34.
		Joshua	67.
	Tearel	William	31.
		James	112.
	Teaster	Andrew	58.
	Teate	Thomas	15.
	Tebout	Tunis	101.
	Teel	Edward	31.
	Telford	Joseph	13.
	Temple	Peter	2.
		Jacob	2.
		Jesse	114.

Entry Book Pages.	Names.		Nos. Returns.
	Templeton	James	12.
		Robert	67.
		David	67.
	Tennant	Alexander	12. 98.
		Susannah	30.
	Terral	Elizabeth	31.
		Samuel	31.
	Terrel	Richmond	66. 87. 95.
	Terrell	Sarah	14.
	Terrill	Edward	31.
	Terry	Joseph	5. 30.
		George	8.
		William	64.
		Stephen	64.
		Champ	81.
	Tesdale	James	8.
	Teulon	Charles	43.
	Thacker	Joel	42.
		Isaac	42. 74.
	Tharin	Daniel	9.
	Tharmon	Philip	33.
	Thatcher	Bartholomew	42.
	Themes	Amos	66.
69.	Theus	James	2. 34.
14.		Randolph	5.
		Christian	20.
		Jacob	52.
119.		Simeon	85.

Entry Book Pages.	Names.		Nos. Returns.
100. 251.	Thomas	John	5. 33. 74. 75. 110. 112. 114. 116.
		Dempreyman	8.
		Anderson	29.
		Jeremiah	29.
		Robert	29. 74. 114.
		James	30. 34. 63. 75. 104. 112.
99.		Abraham	30.
		Edward	30. 43. 64. 91.
73.		William	30. 31. 33. 64. 74. 95. 114.
		Philemon	31.
		Jesse	33.
		Tristram	33. 91.
		Lamboll Mary	40. 41.
		Evan	42. 112.
		Dempsey	57.
		Rawlin	57.
		Daniel	63. 78.
		Samuel	64. 68.
		Turbefield	64.
		Benjamin	64.
		Gideon	64.
		Josiah	66.
		Andrew	75. 120.
		Woodlief	79.
		Arthur	112.
	Thomason	Turner William	74.
	Thompson & Thomson	James	2. 5. 9. 12. 42. 57. 58. 64.
		George	8.
		Hugh	8.
95. 128.		William	12. 14. 29. 30. 40. 42. 57. 65. 66. 75. 79. 80. 87. 98.

338

Entry Book Pages.	Names.		Nos. Returns.
		Archibald	12.
		Lewis	15. 65.
237.		Robert	13. 95.
32. 37.		John	13. 30. 52. 58. 67. 75. 95. 98. 104. 112. 118.
		Thomas	29.
		Russell William	34. 52. 88.
		Moses	42. 114.
		Samuel	43. 75. 112. 114.
		David	52.
		Benjamin	58.
		Peter	65.
		Nathan	66.
		Charles	74. 102. 108.
		Elizabeth	75.
		Henry	75.
		Elisha	75.
124.		Joseph	75.
		Swan	80.
		Theophilus	80.
		Alexander	88. 99.
		Matthew	92.
		Absalom	114.
		Burrell	114.
86.		Andrew	—
	Thorn	Nicholas	21.
		David	57.
113.		Elizabeth	75.
	Thornhill	Robert	31.
		William	31.
	Thornly	Robert	8.
	Thornton	Samuel	66.
		Josiah	114.

Entry Book Pages.	Names.		Nos. Returns.
	Thorp	Samuel	2.
		Eleazer	31.
	Threewitts	John	66.
see	Trewitt	Williamson	66.
		Joel	66.
		Lewelling	66.
	Thrower	William	57.
		Levi	57.
	Thursman	Benjamin	31.
	Thurston	Thomas	3.
	Thuston	James	52. 63.
	Tidder	William	31.
	Tiddyman	Philip	30.
	Tidmore	Dorothy	75.
	Tidwell	Edmund	15.
		Peter	15.
	Tiller	Joseph	2.
	Tillman	Littleberry	64.
		Frederick	64.
		Stephen	64.
		Edward	75. 107. 112.
		Jesse	82.
		William	82.
	Tilly	Joseph	8.
		Mary	119.

Entry Book Pages.	Names.		Nos. Returns.
	Timmerman	John	63.
		Henry	64.
		Philip	64.
		Peter	64.
		Henrick	88.
	Timmons	John	8. 38. 65. 74. 75. 111.
		Jesse	14. 66.
		Samuel	52. 75. 90.
		Abner	90.
		Thomas	90. 114.
		Lewis	95.
	Timothy &		9.
	Boden	Peter	9.
94. 134. 155. 172. 206. 238...		Ann	—
	Tims	James	29.
		Hollis	29.
		Joseph	29.
		Amos	30.
		Jebeus	42.
	Tindell	Robert	30.
	Tindsley	Preston	68.
		Isaac	68.
		James	75. 102.
	Tinsley	Goulding	68. 75.
		Menoar	75. 91.
187.	Tippin	Thomas	—
187.		Joseph	—
	Tippins	James	12.
237		John	111.
		Philip	114.

341

Entry Book Pages.	Names.		Nos. Returns.
	Tisdale	James	98.
	Tisdill	John	66.
	Tison	John	57. 58. 86.
	Tobias	Thomas	14.
	Tobler	John	63. 64.
"Say Tomblin, see it overleaf."	Toblin	Thomas	—
	Todd	John	2. 64.
		William	8.
		Solomon	8.
		Richard	8. 58.
		Haywood	33.
	Tolan	John	8.
		James	92.
		Bryant	92.
	Tolbert	Samuel	75.
		James	79.
	Tollenare	De Charles	66.
	Toller	Mary	21.
	Tolleson	Erasmus	95. 114.
	Tolough	Magnes	42.
		Samuel	42.
	Tomb	Alexander	29. 30.
		David	30.

Entry Book Pages.	Names.		Nos. Returns.
32.	Tomblin	Thomas	—
	Tomlin	Thomas	29. 34.
	Tomlinson	William	14. 33.
		John	29. 38.
		Nathaniel	29.
		Richard	38.
	Toney	Abraham	114.
		Charles	114.
		Drury	114.
	Tool	Isaac	58.
	Toomer	Joshua	16. 58.
		Anthony	57. 62.
	Tootles	Obed	31.
	Torbert	Samuel	29.
	Torpine	Josiah	64.
		Matthew	64.
101.	Torrans	H. William	5.
		John	57.
	Tourney	James	2.
	Toussiger	James	34. 41. 62.
	Towles	Stockley	64.
		John	64. 75.
		Joseph	64.
		Jane, widow of Oliver	67.
184.		Oliver, Est. of	—

343

Entry Book Pages.	Names.		Nos. Returns.
	Towner	Joseph	65.
	Towns	John	74. 75. 112.
	Townsend	Henry	12.
		John	12. 75. 112.
		Thomas	12. 43.
		Andrew	13.
		Daniel	30.
		Samuel	13.
		James	74. 75. 112.
		William	75. 112.
		Light	98.
	Tracey	James	12.
	Tradaway	Richard	57.
		Daniel	58.
	Tradwell & Treadwell	Samuel	8. 86.
	Tramble	Philip	75. 112.
		Jerret	112.
		Sampson	112.
		William	112.
	Tramell	Philip	74.
	Trammel	Thomas	104. 108.
	Trapier	Benjamin	2. 8. 30.
		Paul	8.
		Elizabeth	98.
	Trapp	Thomas	40.
		John	57.
	Travilla	Henry	74.
	Traville	D. B. John	65.

Entry Book Pages.	Names.		Nos. Returns.
	Travis	John	42. 68.
	Traxter	George	38.
	Tremble	Joseph	42.
		James	42.
		Moses	43.
		John	43.
	Trezvant	Isa. Stephen	16.
	Trewitt "See Threewitts."	Elijah	33. 39.
	Trewres	John	65.
	Trippett	Joseph	88.
	Troop	James	64.
	Trotti	Casper	3.
	Troublefield	James	5.
	Trout	Daniel	68.
		Adam	68.
		George	68.
	Trusdel	John	52.
	Tubbs	George	40.
	Tucker	Benjamin	1. 8. 125.
		William	15. 65.
		Joseph	21.
		John	29.
		Simon	42.
		Wood	65.

345

Entry Book Pages.	Names.		Nos. Returns.
		David	66.
		Tudor Thomas	66
207............		Henry	—
	Tue	D. John	68.
	Tufts	Simon	9. 52.
	Tune	John	94.
	Turel	William	52.
	Turk	William	42.
	Turkenot	Mrs.	64.
	Turley	Peter	2.
	Turnage	William	33.
	Turnbough	John	85. 88.
	Turnbull	Joseph	74.
	Turner	Joseph	2. 5. 58. 99.
		Lazarus	3.
		John	15. 38. 49. 57. 58. 64. 75. 114.
		James	15. 42. 74. 75. 102. 110. 112.
		Thomas	43. 68. 100.
		Robert	12.
		Jacob	57.
		Noah	57.
		Amey	58.
		William	58. 80.
		Drury	58.
		Sterling	64.

Entry Book Pages.	Names.		Nos. Returns.
		Gilbert	68.
		Elizabeth	75.
		George	75. 109.
		Henry	102.
		Lewis	112.
		Jonathan	114.
		Samuel	114.
	Turnipseed	Pott	40.
		Jacob	66.
		John	66.
	Tutt	Benjamin	29. 63.
		Richard	30. 64.
		Gabriel	30. 64.
		James	64.
	Tutton	Peter	42.
	Twaddle	William	66.
	Tweed	Alexander	1. 8. 86.
		James	68.
	Twedy	Robert	38. 39.
		William	67.
	Twitty	John	109. 114.
	Tyet	Mary	75.
	Tyger	Thomas	112.
	Tyler	Spence	49.
		John	66. 100.
		Samuel	88.
		William	119.

Entry Book Pages.	Names.		Nos. Returns.
	Tyner	William	64.
	Tyson	Sarah	14.
	Ulmer	Adam	3. 40. 58.
		Peter	17. 65.
		Jacob	20. 40. 58. 119.
		John	84.
	Underwood	George	41. 80.
		Naomi	84.
	Upington	Joseph	64.
	Ushar	Daniel	50.
	Usry	Peter	8.
	Utsey	Isaac	66.
	Utt	Jacob	95.
	Vale	James	107. 112.
	Valentine	John	68. 79.
	or Vallentine	Nicholas	110.
122. 129.		William	—
	Vallo	Nicholas	15.
	Valts	Jacob	119.
	Vanbibber	Jacob	38.
	Vance	William	12.
	Vanderhorst	Arnoldus	1. 40. 49. 52. 58.
91.		John	1. 78.
		James	49. 66.

Entry Book Pages.	Names.		Nos. Returns.
	Vanderver	Edward	40.
	Vann	Edward	64.
		Jesse	64.
	Vanvelzey	Edward	123.
	Vareene	William	8.
		Jeremiah	8.
		Charles	8.
	Vaughan	Henry	5.
		Noel	5.
		William	41. 67. 95.
		Stephen	75.
		Christopher	98.
		Benjamin	114.
		Joseph	114.
	Vaux	William	111.
	Veal	John	31.
		James	85.
	Veil	William	52.
	Veitch	John	88.
	Venables	John	12.
		James	12.
		Joseph	114.
	Venning	Samuel	2.
	Verdal	Thomas	64.
		John	64.
	Verdier	John M.	98.

Entry Book Pages.	Names.		Nos. Returns.
	Verdiman	James	67.
	Verlin	John	14.
	Vernidoe	Henry	66.
	Vernon	John	52. 75. 78. 89. 94.
		Alexander	75.
	Vernor	James	42.
		David	42.
		John	42. 43.
	Verree	Joseph	111.
	Vessels	Thomas	64.
		Michael	75.
		James	75. 83. 110.
		Shadrach	110.
	Vestry of St. Philips		99.
	Viatch	James	49.
	Viate	Adrian	104.
	Vicary	William	42.
		Thomas	114.
	Vickar	George	2. 57.
		Jacob	31.
	Videau	E. Mary	34. 58.
	Vielhaur	George	1.
	Vignieur	L. John	58.

Entry Book Pages.	Names.		Nos. Returns.
	Vignum	Lewis John	16.
	Villepontoux	Zachary	40. 92.
		Francis	73.
	Vince	Joseph	5. 58.
		William	40. 58.
		Richard	57. 79.
	Vines	Isaiah	68.
	Vining	Jesse	31.
237.	Vinyard	John	1. 13.
	Virden	Eugene	67.
		James	68.
		John	68.
	Virts	Henry	104.
	Virtue	John	40. 66.
	Vivian	John	52.
		Theaker	75.
	Volloton	Jeremiah	17.
	Volluntine	Dugal	98.
	Volroy	John	113.
	Vought	Mathias	8.
	Wachter	Martin	52.
	Wackard or Wickard	Mathias	75. 115.

Entry Book Pages.	Names.		Nos. Returns.
	Wacter	Martin	20.
	Waddle	James	3.
		Joseph	13.
		Abel	31. 92.
	Waddlington	William	74. 106.
		Edward	75.
		James	94.
		George	106.
157.	Wade	George	2.
		Holden	38.
		Thomas	38.
		John	63. 106.
	Wadkins	Abhabel	15.
	Wafer	Francis	102.
		Thomas	102. 106.
		Alexander	110.
	Wages	Benjamin	49.
		James	66.
	Wagner	George	12.
	Waid	John	29. 52.
	Waightor	Isaac	9.
	Wait	William	9.
		Abraham	34. 52. 117.
		John	64.
	Waitis or Watis	John	110. 125.
	Wainwright	Richard & others	65.

352

Entry Book Pages.	Names.		Nos. Returns.
	Wakefield	Charles	114.
148.	Waldon	Samuel	29.
		Alexander	31.
	Waldrope	Joseph	67.
		James	67.
		Michael	68.
		Shadrach	114.
	Walker	Elizabeth	2.
		William	8. 64.
		Berry	8.
		Barsheba	8.
		Alexander	9. 12. 13. 113.
		Philip	12. 13.
		Robert	12. 13.
		John	12. 13. 14. 15. 52. 58. 64. 66. 91. 112. 114.
		Adam	12.
		Thomas	12. 52. 78. 114.
		Joseph	12. 52. 87. 112.
		Samuel	13. 64. 67.
		Charles	13.
		Andrew	15.
		George	33. 114.
		Mathias	58.
		James	64.
		Tandy	67.
		Elijah	91.
		Jeremiah	91.
		Eleanor	95.
		Edmund	120.
	Walkup	Samuel	8. 66.
	Wall	Thomas	8.
		Wright	58.

353

Entry Book Pages.	Names.		Nos. Returns.
		Michael	98.
		Benjamin	111.
		James	111.
32.	Wallace	David	3.
102.		Josiah	3.
		William	12.
		Oliver	12.
		James	12. 13. 64.
		John	12. 13. 43. 63. 67. 68.
		Joseph	12.
		Thomas	13.
		Michael	14. 108.
		Robert	43.
		Isabel	63.
		Lazarus	114.
	Walsh	Daniel	66.
	Walter	Jacob	1. 14. 98.
		Richard	5.
		John	12.
		Mary	14.
		Jasper	20.
		Isaac	52.
		Paul	92.
	Walton	Newell	43.
		Nicholas	57.
	Wanderly	David	17. 39.
☐	Wannamacker	Jacob	40. 119.
		Henry	40.
	Ward	John	8. 111. 114.
		Thomas	33. 42. 114.

354

Entry Book Pages.	Names.		Nos. Returns.
		Micajah	34.
		Elias	38. 66.
		Susannah	40.
		Frederick	42. 111.
		Nathan	58.
		Daniel	87.
		Dickey	88.
		James	92.
		Moses	114.
58.		Benjamin	—
	Warden	John	8.
	Wardlaw	John	42. 43.
		William	42.
		Hugh	43.
		Joseph	43.
	Ware	John	13.
		Henry	64.
		Nicholas	64.
		David	66.
32.	Wares	James	—
	Warham	Charles	62.
		David	62.
	Waring	Benjamin	1. 3. 58. 116.
		John	1.
		Smith John	2.
		Thomas	2. 30. 92.
		William	114.
190.		Ann	—
	Warley	Felix	2. 66.
	&	Co.	3.
		Joseph	66.
		Paul	95.

Entry Book Pages.	Names.		Nos. Returns.
☐	Warnamacker	Jacob	20.
	Warnock	Hugh	42.
		Andrew	42.
		Michael	42.
		John	43.
		Abraham	64. 66. 98.
		Samuel	66.
	Warren	George	2. 3. 8. 66.
		Samuel	2. 95.
		Robert	14.
		John	31.
		Joseph	31. 33.
		Reuben	64.
		Lott	64.
		Josiah	64.
		Hugh	75. 90. 109. 114.
		James	114.
		William	114.
	Wasdon	Elijah	64.
	Washington	Benjamin	42.
	Waters	David	42.
		Peter	43.
		Charles	64. 79. 114.
		Rawley	64.
	say Wates ..	Samuel	75.
101. 119.		Philemon	75. 83. 108. 110. 116.
		Bourdwine	83. 108. 110.
		Landon	108.
		Westwood	108. 110.
	Watkins	Samuel	31. 98.
		John	65. 112.

Entry Book Pages.	Names.		Nos. Returns.
		George	75. 112.
		Mathias	112.
	Watley	Sherred	64.
		Edmund	64.
	Watson	George	2. 85.
		William	5. 12. 13. 62. 114.
		John	8. 14. 52. 58. 64. 117.
		Hugh	8. 58.
		Andrew	8.
		James	12.
		Samuel	12. 13. 29.
		David	12. 68.
		Catherine	14.
		Mary	30.
		Thomas	30.
		Robert	52.
		Alexander	58.
		Richard	63.
		Michael	63.
		Hezekiah	64.
		Willis	64.
		Margaret	67.
		Jacob	123.
96.		Benjamin	—
	Watts	Rebecca	8.
		John	9. 38.
		Jonathan	14.
		George	15. 68.
		James	42.
		Andrew	42.
		Thomas	42.
		Samuel	42.
		Jacob	64. 114.
		Richard	68.

Entry Book Pages.	Names.		Nos. Returns.
		William	78.
		Edward	79.
	Waugh	John	15.
	Way	William	9.
		Amos	58. 78.
		Samuel	78.
	Wayland	Nevil	75. 95. 114.
	Wayne	William	5. 35.
	Weams	William	42.
		Thomas	42.
		George	42.
		James	42.
		John	42.
		Bartholomew	42. 88.
	Weas	William	114.
	Weathersbee	William	58.
		Thomas	58.
	Weaver	Stephen	8.
		Hannah	20.
		Nicholas	20.
		Hartwell	31.
		Aaron	64.
		Eve Mary	119.
	Webb	William	5.
		John	8. 66. 82.
		Henry	14.
		Andrew	42.
		James	43.
		Jesse	57. 58.

Entry Book Pages.	Names.		Nos. Returns.
		Henley	63.
		Benjamin	91.
		Moses	123.
	Weber	Nicholas	58.
	Webster	William	35.
		Samuel	57. 66. 86.
	Weddingman	John	75.
		Christopher	110. 112.
		William	112.
	Wedgeworth	William	42.
	Weed	Nathaniel	42.
		Andrew	42.
		Reuben	43.
	Weekes	Joshua	64.
		Michael	75.
		William	75.
		Joseph	112.
	Weekly	John	17. 57.
	Weems	William	8.
252.	Weer	George	13. 85.
	Weimer	Jacob	21. 119.
	Weitzell	John	30. 38.
	Welch or Welsh	William	15. 66. 68. 78. 88.
		Henry	40.
		Robert	49.
		John	49. 62. 75. 79. 114.

Entry Book Pages.	Names.		Nos. Returns.
	Wm. &	Jonathan	66.
		George	62.
		Jonathan	78.
		Richard	98.
		Nicholas	112.
32.		Oliver	—
	Welchel	Francis	74. 108. 112.
		John	112.
		Davis	112.
		William	112.
	Welcher	Benjamin	78.
	Wells	William	1. 3. 49. 79. 110.
		John	8. 110.
		Robert	42. 64.
		Thomas	43.
		Matthew	63.
		Andrew	64.
		Jeremiah	64.
		Henry	89. 99.
		Lewis	112.
		Adam	120.
28.		Samuel	—
149.	Wearet	John	—
	Wernald	William	68.
	Werner	Jacob	9.
	Wesbery	John	52.
	West	Robert	3.
		Arthur	3.
		William	15.
		Hezekiah	29.

Entry Book Pages.	Names.		Nos. Returns.
		Dalton James	35.
		James	64.
		Jane	74. 75.
	West	Joseph	75. 112.
		Mary	95.
		Solomon	110.
		Benjamin	114.
	Westbury	William	84.
	Wescot	Ebenezer	20.
		David	49.
	Westfield	Robert	31.
		John	33. 112.
	Westmoreland	Ann	75.
	Weston	Plowden	1. 58.
		Barbara	8.
		Sarah	8.
		William	40. 99.
		Robert	100.
5.	Wetherell	Job	—
	Wetstone	Henry	21. 40. 119.
		John	40.
	Weyley	James	99.
111.	Weyman	Edward	62. 117.
	Wharf	Greenwoods	38. 41.
	Wheat	Ellen	2.

Entry Book Pages.	Names.		Nos. Returns.
	Wheeler	Henry	5.
		John	8. 33.
		Mary	12.
		Benjamin	62. 66.
		William	91. 112.
		Ambrose	123.
6. 13. ....&		Cooke	—
	Wherry	Samuel	12.
	Whiat	Jacob	90.
	Whicker	Henry	110.
	Whisonant	Nicholas	8. 15.
	Whitaker	William	5. 29.
		Richard	12.
		Willis	88. 95.
		John	95.
		James	112.
	White	Anthony	1. 8.
		John	8. 9. 12. 29. 30. 42. 43. 49. 64. 75. 108.
		Sims	8.
		Joseph	8. 64. 75. 98. 114.
		Blakleay	8. 40.
		George	9. 30. 33. 38. 66.
		Moses	9. 112.
		Arthur	9.
		Jesse	9.
		William	9. 13. 15. 42. 98. 104. 112.
		Edward	12.
		Hugh	13. 29. 30. 66. 85.
		Stephen	29. 112.

Entry Book Pages.	Names.		Nos. Returns.
32.	James		31. 42. 68. 74. 114.
	Daniel		33. 104.
	Thomas		42. 83.
	Andrew		42.
	Alexander		42.
	Nathan		58. 64.
	Isaac		62. 75.
	Henry		65. 66. 74. 94.
	Allen William		65
	Elisha		65
	Samuel		68.
	Archibald		112.
	David		112.
	Hickman		119.
	Whitefield	Thomas	15.
	Whitehead	Daniel	12.
60. 84.	Whitehouse	Thompson	—
	Whitesides	William	12.
		Hugh	15.
	Whitfield	George & Thomas	30.
		Matthew	31.
		Charity	31.
		William	31.
		Benjamin	31.
	Whitman	David	90. 110.
		Daniel	98.
		Christopher	110.
	Whitmire	Frederick	112.

363

Entry Book Pages.	Names.		Nos. Returns.
	Whitmore	George	68.
65.	Whitner	Joseph	74.
	Whitney	Lebeus	65.
	Whitten or Witten	Peter	1.
		Robert	42.
		Austen	42.
		Philip	42. 68.
		Jonathan	67.
		Joel	67.
		Elijah	68.
		Ambrose	68.
	Whitter	Fendol	80.
	Whittington	Ephraim	31. .98.
		Richard	31. 33.
		Francis	31. 98.
		Nathaniel	31.
		Levi	31.
		John	33.
		Barnett	33. 98.
		Cornelius	64.
		Jarratt	65.
		Edward	123.
	Whittles	Burrows	63.
	Whitworth	Abraham	92.
		Fendol	114.
	Whorton	Bartlett	68.
		Samuel	68.
	Wicker	Robert	5.

Entry Book Pages.	Names.		Nos. Returns.
	Widener	Jacob	5.
	Wideman	Adam	42.
	Wier	Hugh	12.
		David	12.
		George	"see Wear."
		Samuel	13.
		William	13. 74.
	Wiere	John	68.
43.	Wigg	Hazard Williams	29.
102.	Wiggins	William	—
		Thomas	5.
		George	58.
	Wigington	John	68. 98.
	Wilburn	Robert	8.
		Mary	89.
		Aquilla	90.
		Richard	92. 98.
	Wilcher	Benjamin	64.
	Wildon	John	40.
	Wilds	Samuel	31.
		Jesse	31.
		Abel	31.
		John	33. 86.
62.		Thomas	40.
	Wiley	Samuel	12.
		William	12. 13.
See Wylie &		Peter	34.
Wyly.		John	42.

Entry Book Pages.	Names.		Nos. Returns.
	Wilham	Peter	75. 110.
	Wilkie	William	99.
	Wilkins	Ann	1. 16.
		James	15. 62. 65.
		Samuel	58.
		Benjamin & James	65.
		Benjamin	66.
		Robert	74.
		William	80.
	Wilkinson	Edward	1. 65.
		Christopher	1.
		Morton	1.
		Francis	8.
		James	12.
	Wilks	Reuben	30.
		Hardy	58.
	Will	Philip	95.
	Willard	John	112.
	Willawer	John	38.
	Willcocks	Joseph	123.
	Willey	John	12.
	Williams	Margaret	1. 5.
		Mortimer John	1. 2. 117.
		Nathan	2. 66.
		David	2. 8. 31. 33.
		Thomas	5. 12. 15. 31. 66. 84. 74. 112. 114.

Entry Book Pages.	Names.		Nos. Returns.
		Moses	8.
		Mary	8. 9.
		Daniel	12. 67. 68.
		Celia	14.
		Henry	17. 64. 88.
		William	20. 58. 64. 74. 75. 104.
		Elizabeth	20. 66.
		Philip	20. 30. 38.
		Absalom	30.
		Membrance	30.
57. 124.		John	30. 49. 52. 63. 64. 65. 75. 78. 86. 88. 114. 120.
		Burges	31.
		Jesse	33.
		Eler	42.
		Edward	42. 95.
		Glover	42.
		Maurice	52.
		James	52. 57. 68. 105.
		Eacy	57.
		Ezekiel	58.
		Lewis	58.
		Mrs.	58.
		Samuel	64.
		Davis	64.
		Jefferson	64.
		Robert	66.
		Bury	66.
	Williams	Isaac	66. 67.
		Carrol	66.
		Joseph	68. 84. 123.
		Joshua	68.
		Stephen	68.
		Martin	68.
		Barwick	68.

Entry Book Pages.	Names.		Nos. Returns.
		Micajah	83.
		Rednal	110.
90.		Jeremiah	—
96.		Frederick	—
	Williamson	G. John	2.
		Adam	12. 15.
		Samuel	12.
		William	12. 31.
		George	13.
		James	13.
		Shadrach	31.
		Sterling	31.
			17.
		Jesse	31. 66.
		Stephen	31.
		Mary	31.
		Willis	31.
		Thomas	31. 33.
		Benjamin	33.
		Roling	49.
		Henry	58. 68.
		Andrew	66. 68. 85. 95.
	Williford	Britton	104.
		Nathan	109. 114.
	Willihorne	Daniel	64.
	Williman	Jacob	15. 45.
		Christopher	57.
	Willingham	Thomas	58.
	Willis	John	33.
		Robert	49.
		Richard	114.

Entry Book Pages.	Names.		Nos. Returns.
13. 32.	Wilson	John	8. 13. 14. 29. 31. 42. 49. 67. 68. 98. 110.
		Robert	8. 42. 65. 67.
		Alexander	8.
		Thomas	8. 13. 15. 64.
		David	8.
		Henry	8. 42. 67.
		Charles	8. 43.
		William	8. 15. 64. 67. 86.
		Hugh	12. 42. 65. 110.
96.		James	12. 13. 15. 29. 42. 43. 49. 63. 64. 65. 66. 68. 84. 110. 114.
		Benjamin	13.
		Mary	14.
		Margaret	15.
		Samuel	15. 92.
		Ulman	15.
	&	Russell	15.
	P.	James	33. 91.
		Jeremiah	41.
		Roger	52. 84.
		Russell	64. 66.
		Jane	65.
		Martha	66.
32.		Bazil	—
	Wimberley	Abraham	2.
		James	52. 56.
	Wimbrish	Samuel	43.
	Wimpey	Henry	66.
	Winborne	Demcy	12.
		Jesse	12.

Entry Book Pages.	Names.		Nos. Returns.
	Winckler	Nicholas	17. 40. 58.
		Jacob	17. 52.
		Lewis	17. 49.
		Mrs.	17.
	Winckles	Elizabeth	8.
	Winders	James	38.
	Windham	William	31.
		Amos	31. 38.
		Jesse	31.
		James	33.
		Samuel	33.
		Isaac	34.
		Moses	58.
	Winds	Barnabas	88.
	Windsor	John	98.
	Wines	Barnabas	8.
		Samuel	33.
	Wingart	Mathias	21. 119.
"see Winyert"		George	21. 119.
		Michael	21. 119.
	Wingate	Edward	31.
	Wingood	Chavvil	2.
143.	Winn	John	2. 15. 30.
		Richard	12. 57. 66.
		James	15.
		Peter	30.
		Joseph	30.
99.		William	57.
32.		Minor	—

Entry Book Pages.	Names.		Nos. Returns.
	Winningham	William	49. 58.
	Winser	Christopher	30.
	Winter	Robert	8. 111.
		John	8.
		Strain Hugh	8.
		Hugh	8. 95.
	Winyert	Mathias	52.
"see Wingart"			
	Wire	William	80. 114.
	Wise	Samuel	20. 52.
		John	31.
		William	31. 58.
		James	31.
		Jacob	63.
		Jonathan	65. 66.
		Thomas	121.
	Wisher	Walter	13.
	Witherington	William	39.
		Thomas	64.
	Withers	John	1. 2. 95. 125.
		William	5. 8. 44. 57. 58.
		Francis	8.
		Mary	58.
	Witherspoon	Robert	8
		John	8. 15. 98.
		David	8.
		James	8. 98.
		Gavin	8. 85.
		Sarah	95.

371

Entry Book Pages.	Names.		Nos. Returns.
	Witherton	John	75.
	Witsell	Frederick	52.
	Witter	James	85.
	Witts	Stuffley	119.
	Wofford	William	8. 89. 114. 123.
		John	75.
		James	114.
		Joseph	114.
	Wolmoar	Elizabeth	119.
	Wolton	Moses	64.
	Wommock	Frederick	58.
	Wood or Woods	Dempsey	2.
		John	8. 41. 52. 58. 64. 110. 114.
		Thomas	12. 49. 65. 95. 112.
		Frame	12.
		James	13. 29. 75.
		Benjamin	29. 31.
		William	30. 42. 66. 74. 75. 98. 106. 114.
		Francis	49.
		Henry	58.
		Jethro	58.
		Isaac	63.
		Samuel	66.
		Catherine	66.
		Zaddock	68.
		Nathaniel	68.

372

Entry Book Pages.	Names.		Nos. Returns.
	Wood or	Mitchem Henry	74.
	Woods	Moses	75. 101.
102.		Alexander	92.
		Hickabud	110.
		Lot	112.
		Wiat	112.
145.		Lazarus	—
=	Woodard	Thomas	5.
115.	Woodberry	John	2.
		Richard	8. 95.
		Daniel	8.
		Joseph	8.
		Jonah	8.
	Woodcock	Robert	29. 121.
	Woodcraft	Richard	34.
	Wooderson	John	9.
	Woodsides	Samuel	13.
	Woodson	James	74. 104. 112.
		Benjamin	112.
		Robert	112.
=	Woodward	Thomas	8. 31.
		James	8.
		Samuel	8. 9.
		John	9. 40. 78.
		Simon	9.
		William	40.
		Burbage	92.
	Woolbank	Gillam	112.
		Joseph	112.

Entry Book Pages.	Names.		Nos. Returns.
		Richard	112.
		William	112.
	Woolf	Mathias	2. 14.
		Christian	20. 119.
		Jacob	21. 30.
		John	78.
		Henry	102.
		George	114.
67.	Wootan	Daniel	34. 92.
		John	40. 74.
		Eliab	84.
		Aaron	92.
		Jonathan	119.
	Wooters	Philip	15.
		Lilly	40.
		Jacob	40.
	Word	Thomas	66. 67. 104.
	Workman	John	12.
		Robert	12.
	Worster	Charles	52.
	Wragg	John	14.
	&	Mussen	30.
		Samuel & Joseph	30.
		William	40.
		Henrietta	41.
	Wray	Thomas	64.
	Wren	William	29. 91.
		George	30.
		Theodrick	30.

Entry Book Pages.	Names.		Nos. Returns.
	Wright	John	2. 63. 73.
		Elizabeth	8.
		William	9. 38. 52. 98.
		Henry	12.
		Richard	30.
		Benjamin	31. 92.
		Amos	31.
		Solomon	31.
		George	31. 52.
		Joseph	31.
		Gillis	31.
		Stephen	33.
		Carney	33.
		Thomas	39.
		Christopher	64.
		Sarah	68.
		Abraham	92.
		James	100.
	Wrostick	Andrew	119.
	Wyatt	William	40. 62. 110.
		Jacob	110.
	Wyche	Drury	5. 58.
		John	58.
	Wyld	John	30.
	Wylie	John	12.
see	Wiley	Peter	12.
		Francis	12.
		James	13.
		William	13.
	Wylly	Richard	2.
		John & Co.	14.

375

Entry Book Pages.	Names.		Nos. Returns.
	Wyly	William	3. 12.
		John	9. 15. 35.
	Yadey	Henry	119
	Yarborey	William	42.
	Yarborough	James	5.
		Ambrose	33. 74. 112.
		William	49. 52. 58.
		Lewis	52.
		Griggs Thomas	58.
		Owen	66.
		George	66.
	Yates	William	31.
	Yeadon	Richard	1.
		Richard & Co.	15.
	Yelding	Mary	57.
	Yeamans	John	17.
	York	Michael	38.
		Richard	42.
		Stephen	68.
	Young	Thomas	3. 66. 91. 94. 104. 119.
		Susannah	5.
142.		John	12. 42. 57. 58. 68. 112.
		William	12. 15. 29. 52. 75. 87. 102. 110. 112. 114.
		James	13. 58. 68. 86. 105.
		Samuel	13.
		Hugh	14. 67. 68.

Entry Book Pages.	Names.		Nos. Returns.
		Garrot	30.
		Francis	34.
		Benjamin	34. 125.
		Nathan	42.
		Andrew	42.
		Alexander	42.
		Matthew	43. 75. 110.
		Elizabeth	52.
		Edward	58. 75. 80.
		Robert	65. 66. 68.
		Adam	66.
		George	68.
		Levi	108.
		Daniel	112.
		Jesse	112.
		Isaac	112.
		Richard	112.
1.		Charles	—
	Youngblood	Peter	1. 30.
		David	34.
		Isaac	40.
		Samuel	42.
		Jacob	64.
		John	64.
		Lewis	64.
		Abraham	64.
		Joseph	64.
	Youninger	John	119.
	Zagler	Jacob	20.
	Zahler	Jacob	8.
	Zahn	C. Jacob	5.
	Zann	Christopher	21.

Entry Book Pages.	Names.		Nos. Returns.
	Zehon	Nicholas	12.
	Zetter	Nathaniel	66.
	Zettler	Nathan	40.
		Matthew	66.
	Zigler	Michael	52.
"see	Seigler"	George	119.
	Zimmerly	John	119
	Zimmerman	Mary	17.
		Michael	20. 119.
		Boston	20. 119.
		John	21. 40.
	Zin	Henry	64.
		Valentine	64.
		Jacob	64.
		William	64.
		Horonomas	66.
	Zorn	Henry	20.
	Zubah	Michael	75.
	Zuber	Rachel	75.
		Conrad	110.
		John	110.
		Uriah	110.
	Zubly	David	29. 63.
		John	64.

N. B. In Return No. 119 at the last is an Acco't with the Sir name blank which has not been entered anywhere as yet.

STATE OF THE RETURNS

No. of Returns	No. of Acco'ts		Letters		When sent out of the Office		Amount
1	310	A. a.	Y	20	August	1783	£ 33,081..12.. 5-¾
2	381	A. "	W	29	October	"	39,279.. 6.. 5-¾
3	366	A. "	Y	10	Decem'r	"	24,635.. 5.. 9-¾
5	460	A. "	Z	24	February	1784	24,924.. 0.. 5-½
8	729	A. "	Z	5	May	"	30,336..13..11-¼
9	210	A. "	W	9	June	"	13,331..12.. 5
10	276	A. "	L	7	July	"	6,208..19..11-¼
11	416	A. "	M	4	August	"	18,277.. 8.. 2-½
12	286	K. "	Z	21	Ditto	"	7,122..11.. 3-¾
13	139	M. "	Y	30	Do	"	6,298.. 6.. 9-¼
14	244	A. "	Y	3	September	"	11,466..10.. 4
15	379	A. "	Y	11	October	"	23,319..14.. 0-½
16	25	A. "	W	12	Ditto	"	1,018..18.. 3-¾
17	87	B. "	Z	22	Do	"	2,255..19.. 4-½
18	34	A.B. &	C	22	Do	"	1,890.. 5.. 1
19	152	A.B. &	C	22	Do	"	5,846..12..11-¼
20	176	A. a.	Z	16	November	"	3,073..10.. 9-¼
21	81	B. "	Z	18	Ditto	"	3,113..12.. 8-¼
22	159	A. "	H	18	Do	"	10,023..18.. 2
23	83	A. "	G	25	Do	"	1,691.. 8.. 5-½
24	168	A. "	G	25	Do	"	2,756.. .. 1-¾
25	94	I. "	P	18	December	"	3,552.. 1.. 9
26	110	I. "	P	18	Ditto	"	4,720.. 8.. 6-½
27	178	A. "	H	20	Do	"	6,758..16.. 9-¼
28	202	D. "	K	21	February	1785	6,661.. 6.. 9
29	89	M. "	Z	21	Do	"	3,707..16.. 6-¾
30	127	A. "	Y	28	Do	"	8,020.. 2.. 1
31	324	D. "	Y	4	March	"	11,174..17.. 3
32	32	D. "	K	4	Ditto	"	1,941.. 4.. 3
33	141	H. "	Y	4	Do	"	5,076.. 3.. 3
34	153	A. "	Y	11	Do	"	7,434..15.. 4-¼
35	48	A. "	W	11	Do	"	7,447.. 9..11
36	234	L. "	P	1	April	"	10,368..10.. 3-⅓
37	44	L. "	P	25	Ditto	"	3,626.. 7.. 9-¼
38	174	A. "	Y	1	Do	"	8,844.. 4.. 9-¼
39	31	B. "	W	25	Do	"	4,979..11.. 5
40	300	A. "	Z	7	Do	"	10,257..13.. 7-¼
41	43	A. "	W	25	Do	"	3,607..15.. 3-¼
42	155	R. "	Y	13	Do	"	5,080.. 5.. 5-¾
43	44	F. "	Y	25	Do	"	3,078..15.. 1-¼
44	228	A. "	K	19	Do	"	5,665.. 0.. 8-½
45	68	A. "	W	25	Do	"	4,431..19.. 0-¾
46	184	A. "	G	26	Do	"	4,286..16.. 9-½
47	110	A. "	K	30	Do	"	5,842.. 4..10-¾
48	103	L. "	P	29	Do	"	4,491..13.. 8-¾
49	90	L. "	W	7	May	"	6,418.. 3.. 1-¾
50	277	A. "	U	9	ditto	"	4,578..13.. 4-¾
51	49	A. "	M	11	do	"	2,005.. 8..11
52	119	F. "	Z	13	do	"	3,541..19.. 4
53	31	H. "	M	14	do	"	2,802..10.. 5-¼
54	115	H. "	M	13	do	"	2,990..15.. 4
55	107	A. "	H	23	do	"	5,174.. 6.. 3-¼
56	233	A. "	M	20	do	"	6,604.. 3.. 1-¾
57	197	A. "	Y	3	June	"	12,325..15.. 6
58	325	I. "	Y	3	ditto	"	8,203..18.. 9-¾
59	44	H. "	P	3	do	"	2,324.. 6.. 0-½
60	275	H. "	P	3	do	"	4793.. 3.. 7-¾
61	181	A. "	M	10	do (say 183) (acco.) "		33,707.. 7.. 0-¾

| 58 | 10,420 | | | | Carr'd forward | | £506,479.. 0.. 5-¾ |

Rct. 58	10,420				Amo't brought forward		£506,479.. 0.. 5-¾
62	355	A. a.	K	10	June	1785	11,963.. 5.. 6
63	49	R. "	Z	21	ditto	"	3,525..10..
64	226	R. "	Z	21	do	"	4,378.. 3..11
65	183	A. "	Y	23	do	"	22,008..19.. 6-½
66	301	D. "	Z	24	do	"	9,994.. 9.. 6 ¼
67	69	A. "	Y	25	do	"	3,325..14.. 9-¼
68	134	A. "	Y	27	do	"	6,746..11.. 0-¼
69	5	E. "	M	18	July	"	832.. 1.. 4-¼
1st 73	39	A. "	W	30	ditto (Treasury)	"	2,287..11.. 3-¾
2nd 73	30	A. "	W	30	do	"	917..12..11

74.....	274.....A.	"	Y...... 21	Sept'r	"	....	7,801.. 2.. 8-¾
75.....	735.....A.	"	Z...... 29	ditto	"	....	13,651.. 6.. 9-¼
76.....	47.....A.	"	E...... 20	do	"	....	1,416..19.. 3
77.....	33.....A.	"	D...... 14	do	"	....	1,951..13.. 7-½
78.....	123.....B.	"	W...... 22	October	"	....	2,993..10.. 5-¾
79.....	81.....B.	"	W...... 27	ditto	"	....	4,801.. 4..11-¼
80.....	77.....A.	"	Y...... 27	do	"	....	1,182..10.. 6-¼
81.....	9.....B.	"	T...... 28	do	"	....	245.. 8-¼
82.....	65.....A.	"	W...... 29	do	"	....	5,379..16.. 8
83.....	54.....B.	"	W...... 11	Novem'r	"	....	3,398.. 5..10-¼
84.....	73.....A.	"	W...... 8	ditto	"	....	2,200..12.. 9-¼
85.....	55.....A.	"	W...... 21	do	"	....	4,830..19.. 5-¼
86.....	101.....A.	"	Y...... 21	do	"	....	2,672.. 6.. 3-¾
87.....	68.....A.	"	Y...... 29	do	"	....	3,860..18.. 8-½
88.....	100.....A.	"	W...... 26	do	"	....	2,439.. 2.. 3-¾
89.....	53.....A.	"	W...... 10	Decem'r	"	....	2,812.. 4..10-½
90.....	105.....A.	"	W...... 10	ditto	"	....	4,338.. 3.. 8-¼
91.....	22.....A.	"	Y...... 14	do	"	....	1,742.. 7.. 8-½
92.....	124.....A.	"	W...... 14	do	"	....	4,087..16.. 2
93.....	146.....A.	"	K...... 31	do	"	....	23,747..19.. 4-¼
94.....	51.....C.	"	Y...... 24	do	"	....	3,374.. 4..11-½
95.....	145.....F.	"	W...... 27	January	1786	....	16,890..17.. 5
96.....	170.....A.	"	K...... 31	December	1785	....	4,427..12.. 1-½
97.....	1.....L.	"	 7	March	1786	....	8,381..13..
98.....	144.....C.	"	W...... 26	January	"	....	3,873.. 0.. 6-¾
99.....	46.....B.	"	W...... 31	ditto	"	....	2,883..17.. 8-¾
100.....	40.....A.	"	W...... 31	do	"	....	1,530.. 1.. 4-¾
101.....	23.....B.	"	W...... 25	January	"	....	2,326..11.. 8-¾
102.....	115.....A.	"	Y...... 4	March	"	....	5,840.. 9.. 3
103.....	9.....A.	"	R...... 21	ditto	"	....	395..12.. 0-¾
104.....	110.....A.	"	Y...... 20	do	"	....	4,433..13.. 0-¾
105.....	15.....B.	"	Y...... 7	April	"	....	97.. 5.. 2-½
106.....	44.....B.	"	W...... 17	March	"	....	1,519.. 0.. 8-¼
107.....	34.....A.	"	V...... 15	April	"	....	229..11.. 5-¾
108.....	72.....A.	"	Y...... 23	March	"	....	2,502.. 0.. 9
109.....	28.....A.	"	W...... 26	April	"	....	669.. 8.. 3-½
110.....	265.....A.	"	Z...... 7	ditto	"	....	5,405.. 7..11
111.....	65.....A.	"	W...... 11	May	"	....	5,301..19..11-¼
112.....	451.....A.	"	Y...... 20	April	"	....	9,078..16.. 7-½
113.....	10.....C.	"	W...... 15	May	"	....	556..11.. 7-¼
114.....	418.....A.	"	Y...... 28	April	"	....	10,553..16.. ¾
115.....	21.....B.	"	W...... 20	May	"	....	491..18.. 2-½
116.....	46.....A.	"	W...... 6	ditto	"	....	1,820.. 0.. 9-½
117.....	58.....A.	"	W...... 11	July	"	....	9,084..14.. 2-½
118.....	10.....M.	"	T...... 15	May	"	....	112..15..
119.....	238.....A.	"	Z...... 19	July	"	....	3,645.. 7.. 3-¾
120.....	36.....A.	"	W...... 8	ditto	"	....	1,317.. 7.. 1-¾
121.....	34.....B.	"	W...... 22	July	"	....	1,488..14.. 7-½
123.....	51.....A.	"	W...... 29	ditto	"	....	2,328.. 1.. 1-½
125.....	51.....A.	"	Y...... 31	August	"	....	9,306..14.. 4-¼

118......16,957
More in '49...... 23

" in 61...... 2   Add McDouall & Selbys Acco't

£778,880..10.. 9-¾

      16,892 omitted to be extended in No. 89 ....   279.. 9.. 7-¼
Carried to
the other side   779,160.. 0.. 5

            No. 5 less......£ 8.. 6.. 4
                61 less...... 46..12.. 4-¼
                62 do 35
                85 do ...... 99.. 7.. 1-½
                92 do ...... 15..18.. 6-¾
                73 do ...... 268..16.. 9
                1 do ...... 213..18.. 2
                75 do ...... 25.. 4.. 0-½
                107 do ...... 3..13
                47 do ...... 15..17..10-¼

Amo't of Returns cont'd		£779,160.. 0.. 5
Add more on No. 43, J. Wardlaw's acco't.....................		7..18.. 7
		779,167..19..
do on Jas. Mayson's acco't in No. 85		9..17.. 2-¾
		779,177..16.. 2-¾
Amo't of deductions bro't forward £732..19.. 2-¼		
No. 8 less......£ 5..11.. 5		
115 do ...... 6.. 7.. 1-½		
95 do ...... 63..11.. -¼	75.. 9.. 6-¾	808.. 8.. 9
		778,369.. 7.. 5-¾

Acco'ts
16,982
 22 less being ent'd as Pay Bills
  & reck'd as acco'ts.

16,960
 73 Pay Bills

17,033
 2 more in No. 14

17,035

SINCE THE ABOVE HAS BEEN REN'D IN

	No. 119............less............£	41.. 6.. 6	
	45............do	479..18.. 0-¼	
	75............do	47..16.. 5-¾	
	111............do	15.. 4.. 3	
	15............do	12.. ..	
more			
£ 11..14.. 3 on	8		
	11............do	15.. 7.. 1-½	
	93............do	11.. 5.. 0-¾	
208.. 8.. 6-½ on.............	8		
17..11.. 5 "	99		
	95............do	24.. ..	
17.. 5.. 8-½ "	62		
	57............do	87.. ..	
	23............do	10..12.. 4	
	44............do	14.. 5.. 8-½	
	93............do	8..11.. 5	
	65............do	1,483..14.. 5	
	98............do	42..17.. 1-½	
63.. .. "	115		
	11............do	17..10..	
£317..19..11		£2,311.. 8.. 5-¼	
		317..19..11	
		£1,993.. 8.. 6-¼	
	Deduct 7 acco'ts		
	of the Navy incl'd		
	in Returns amo'tg to	7,000.. 2.. 3	8,993..10.. 9-¼
			£769,375..16.. 8-½
	No. 96............less............	4.. 5.. 6	
	48............ "	41..11.. 5	
45..	66		
	68............ "	9..18.. 2-½	
1.. 1..	82		
	5............ "	..10..	
	8............ "	..10..	
....10	24		
	2............ "	522..12.. 7	

                           Amo't bro't forward
RETURNS   Less   More
No. 31 ....£ .. 1..
    28 .... £ 13..13.. 2-½
     2 ....   191.. 6.. 8
    36   3
     8 ....10..
    15 ....   108..15..
   117 ....   30..10.. 8
    23 ....12.. 6
   115 ....   28..18.. 8
    99 ....   1..19.. 7-½
    87 ....   114..15.. 2-½
    22 ....   1520.. 7.. 9-¾
    40 ....   1384.. 0.. 2
    78 ....   69.. 4.. 5-¼
   114 ....   6..17.. 1-½
    95 ....   2..19.. 6

                       STATE OF THE ENTRY BOOKS

No. 1 Contains .... 243 acco'ts ....£ 52,344.. 8.. 3-½
    2   ditto   151   "   ....   9,978..14..10
    3   do   26   "   ....   3,958.. 4.. 9-¼
                                     ———   ————————————
                                     420   66,281.. 8.. 0-¾
           Also ....   4 others the
       Amounts of wch are
       not included.

       Bayly, John, his
       Acco't omitted in
       No. 2, page 79   1   .... 11,628.. 1..
                                    ———   ————————————
                                    425   77,909.. 9.. 0-¾
    3 from 14th Oct.
       1786 to 31 Jan
       1787 21   .... 10,445.. 5.. 5-¼
                                    ———   ————————————
                                    446   88,354..14.. 6
       12 of which are
       pay bills

       Deduct less on
       Morel & file's
       acco't, Entry
       Book No. 3, page 117........................£ 2,034..19 ....   2,034..19.. 7
                                                                                 ————————————
                                                                                 £ 86,319..14..11
    3 from 31 Jan'y to
       12 Dec'r 1787.............. 68 acco'ts ....   5,122.. 8.. 1-½
                                    ———   ————————————
                                    514   £ 91,442.. 3.. 0-½

A LIST OF THE NAMES OF OFFICERS IN THE ARMY TO WHOM CERTIFICATES HAVE BEEN GRANTED.

Pay and subsistence overch'd by the follow'g Officers of So. Car'a Line to be deducted out of their arrearage of pay or commutation by the Pay Master General.

DATE			NAME	AMOUNT	
1783	June	7th	Baker, Jesse	£ 864..2..7	£ 114..4..2-¾
	July	7	Beekman, Barnard	2,001..3..3-¼	331..14..3-¾
	do	1st	Brown, Charles	574..1..2-½	69..2..5-¼
	"	21	Bradwell, Nathaniel	647.. ..6	59..4..4-½
	"	28	Beekman, Samuel	69..12..10	
	Sept	6	Budd, Shiver John	648..13..10-¼	59..4..4-½
	Nov.	20	Buchannan, John	922..2..11-½	
	do		Buchannan, Robert	190..19..5-¾	
	Dec'r	4	Baker, Bohun Richard	896..13..10-¼	118..8..9
1784	Apl	27	Brown, Benjamin	310..11..6	
1783	June	5	Dunbar, Thomas	817..8..2-¾	85..2..10-¾
	July	8	Doyley, Daniel	490..13..6-¾	38..18..4-½
	Aug't	22	DeSaussure, Lewis	284..14..1-½	
	do		D'Ellient, Andrew	1,347..14..0-¾	219..13..1-½
1784	Mar	15	Davis, Harman	869..2..11-½	121..7..5-¼
	Aug.	21	Donnom, William	235..4..11-¼	
1783	Dec'r	19	Evans, George	574..10..1-¾	52..16..9-¾
1784	Jany	24	Elliott, Joseph	813..16..5-¼	118..8..9
"	Nov.	12	Elliott, Barnard	857..7..	110..0..9
1785	July	8	Elliott, Barnard, Est.	260..15	
1783	June	14	Ford, Tobias	55..0..7-½	
	Sep'r	3	Farrar, Field	949..5..4-¾	110..6..5-½
1784	Jany	22	Frierson, John	560..3..3-¾	46..18..0-¾
"	Mar	31	Flagg, Collins Henry	981..—..2-¾	165..16..11-¼
1785	Sep	12	Fields, James	624..2..3-¼	
1783	June	6	Gray, Peter	872..18..5-½	109..9..10-¼
"	"	7	Goodwyn, Uriah	1,001..15..5-¾	118..8..9
"	"	11	Goodwyn, John	897..5..2-¼	59..4..4-½
	July	3	Gadsden, Thomas	872..12..2	160..16..
	Dec.	20	Grimke, Faucheraud John	1,394..19..4	243..9..1-¾
1784	Mar	24	Grayson, John	426..17..7	33..8..5-¼
	Nov	13	Gorget, Francis John	501..11..2-¾	
	do		Gilbank, John	501..6..½	
	do		Gaston, Robert	230..1..10-¾	
1783	June	5	Hamilton, John	1,217..4..2-½	118..4..1
"	"	14	Huggins, Benjamin	61..12..6	
	July	1st	Hext, William	902..5..3	118..11..10-¼
"	"	3	Hart, John	961..6..5	84..12..4
	Dec'r	12	Henderson, William	1,798..1..	274..13..6
	do		Haig, James John	836..6..5-¾	
1784	Jany	5	Horry, Peter	675..15..11-½	
	Apr	27	Hennington, John	364..5..4	
	Dec'r	1st	Hyrne, M'd Edmund	1,224..10..8-¼	181..9..0-¾
1785	June	1st	Hart, Oliver	255..19..7	
	July	16	Harleston, Issac	1,064..14..11	
1783	June	16	Knap, John	832..9..0-½	59..4..4-½
"	"	13	Kennedy, James	421..14..9-½	32..6..1-¾
1785	July	16	Kolb, Josiah	574..19..9-½	
1783	June	6	Langford, Daniel	706..8..	54..17..9-¼
"	"	16	Liston, Thomas	516..—..8½	38..0..2-¾
"	"	28	Linning, Charles	867..17..6	119..17..3-¾
			Amo't carr'd over	36,826..19..10-½	£3628..1..3-¼

383

			Amo't brought over	£ 36,826..19..10-½	£3,628.. 1.. 3-¼
1783	Sep'r	8	Legare, James	471..16.. 2-¾	38..12.. 8
1784	Jany	9	Liddell, George	946.. 5.. 2-¾	110.. 0.. 2-¾
"	Mar	26	Lochman, Charles	342.. 1.. 4	51.. 8.. 9-¾
"	May	14	Lloyd, Edward	365..14.. 8	34.. 3.. 5-¾
1783	June	5	McGuire, Merry	906..16.. 9-½	85.. 4..
	do		Marie, St de Levacher	813.. 8.. 5-¾	
"		6	Martin, John	801..17.. 9	64.. 9.. 1-¼
"		9	Martin, James	849.. 5.. 8	144.. 8..10-¾
"	July	4	Moore, Henry	737.. 6.. 8-¾	64.. 4.. 3-½
"	Aug't	15	Martin, Daniel Lewis	387..16..	59..14.. 8
"	"	19	Mason, Richard	875.. 2.. 2	111..10.. 9-¾
"	Sep'r	23	Mazyck, Daniel	804.. 1.. 3-½	114.. 7.. 9-¾
"	Nov'r	13	Mazyck, Stephen	365.. 5.. 1-½	28.. 6.. 9-¾
"	Dec'r	18	Milling, Hugh	342.. 1.. 5-½	34..10.. 8
1784	Mar	13	Mitchell, William	442..11.. 7-¼	
"		17	Mitchell, James	656..10.. 1-½	91..17.. 7-½
"	Oct	26	Moultrie, William	1,159.. 7.. 8-½	
"	Nov.	13	Mitchell, Ephraim	1,274.. 3..10	160.. 9..10-¼
1785	May	11	Marion, Francis	1,690..14.. 7-¼	
1783	June	20	Neufville, William	154..	23..13..10-¾
1784	Apl	26	Newsum, Benjamin	683.. 5.. 1-½	
1783	Novr	27	Ogier, George	525.. 3.. 5	45..13.. 8-½
1785	Jany	6	Ousby, Thomas	458..12.. 8	7.. 6..10-¾
1783	Novr	7	Poyas, Ernest John, Junr	35..	
"	Decr	31	Pinckney, Thomas	1,238..11..	197..19.. 1-½
1784	Jany	6	Provaux, Adrian	934..17.. 5	121.. 4.. 9
"	Mar.	12	Pollard, Richard	853..15.. 8-¾	100..19.. 9-½
"	Aug't	3	Pinckney, Cotesworth Charles	1,950.. 8.. 2-¼	296..15..10-½
"	Sepr	4	Parsons, William	158..18..10-½	
1783	June	13	Russell, Commander Thomas	797..16..	59.. 4.. 4-½
"	"	16	Rothmahler, Erasmus	51.. 7.. 2-½	
"	"	28	Roux, Albert	820.. 3..11-½	107..16.. 1-¾
1785	May	27	Roberts, Brooks Richard	578..11.. 0-½	
"	July	4	Roberts, Owen	255..14.. 8-½	
1785	July	16	Mayson, Luke Est.	320.. 2..11-¾	
1783	June	14	Sunn, Frederick	625..13.. 8	117.. 6..
"	July	11	Senf, Christian	579..	
"	Decr	12	Shubrick, Thomas	1,138..17.. 9-½	118.. 8.. 9
"	"		Smith, Carroway John	936..17.. 5-¾	121..13.. 0-½
"	"	22	Smith, Aaron	679..16..	59.. 4.. 4-½
1784	Feby	12	Scott, William	1,644.. 4.. 3	260.. 8.. 3-¾
1784	Sepr	30	Springer, Silvester	616.. 9.. 5-½	147..14.. 0-¾
1783	June	5	Theus, Simeon	1,235.. 2..10	118.. 8.. 9
"	"	18	Theus, Jeremiah	619..12.. 7	
"	Sepr	1	Turner, George	900.. 9.. 5	118..11..10-¼
1784	Mar	5	Taylor, Samuel	434..12.. 6-¼	
"	"	11	Tate, William	669.. 7.. 6	57..11.. 8-½
1783	July	5	Vanderhorst, John	450.. ..10	69.. 4.. 5-½
1784	Nov.	13	Van Platon, Frederick Philip	341..17.. 3	
1783	June	5	Warley, Felix	979..19.. 1	121..13.. 0-½
"	"		Warley, Joseph	943.. 6.. 3-¼	118..11..10-¼
"	"		Warley, George	899..11.. 8	118.. 8.. 9
"	Aug't	14	Warren, Samuel	724..14..10-½	95..14.. 6-¼
"	"	25	Wilson, James	600..19.. 2-½	59.. 4.. 4-½
"	Decr	29	Ward, William	437.. .. 9	34..16..11-½
			Amo't Carr'd Forw'd	£ 76,333.. 8.. 5	£ 7,519.. 6.. 4-½

1784	Oct	27	Purcell, Henry Rev'd £ 2,192.. 7..10		
			Entry Book No. 1, page 53—see five leaves forward.		
			Amo't brought forward	£ 76,333.. 8.. 5	£ 7,519.. 6.. 4-½
1784	Mar	11	Wickly, John	940.. 4..	100..16.. 1-¾
	Apl	26	Williamson, John	795..13.. 6	158.. 3.. 7
			Ward, Peter John	501.. 3.. 5-¼	46..13..11
1788	Jan	25	Hyrne, M. E. £44..3		
Entry Book No. 3 page 152					
		110	Amo'tg to	£ 78,941.. 6.. 9-¼	£ 7,825.. .. 0-¼
		1	....	44.. 3	
		111	....	78,985.. 9.. 9-¼	59..14.. 8
In No. 84 Martin Dan'l Lewis deducted his overcharge					69.. 4.. 5-½
78 Vanderhorst John to be do his ditto					331..14.. 3-¾
Beekman Barnard do his ditto					

A LIST OF THE OFFICERS &C IN THE HOSPITAL TO WHOM CERTIFICATES HAVE BEEN GRANTED

Date			Name	Amo't	Pay & subsistence overch'd by them to be deducted out of their arrearage of pay or commutation by the Pay Mas'r Gen'l.
1784	Mar	22	Andrews, Jane	£ 11..14.. 5-¼	
1783	July	8	Carne, John	58.. 6.. 8	£ 9..12.. 4-½
1784	Oct	8	ditto do	405..17.. 7	
	Mar	31	Delespine, Joseph	84..	
1783	July	14	Fayssoux, Peter	2,013..19.. 8-½	260.. 1.. 2-½
	Nov	7	Hunter, James	418.. 7.. 4	90..16.. 5-¼
	Dec	22	Hyslop, John	156..12..10	
1784	Sep	14	Harris, Tucker	612.. 5.. 4	71.. 4.. 5-¼
1783	Nov	7	Keith, William	512..17.. 4	53..11.. 9-¼
1784	Mar	17	Lochman, Charles	121.. 6..11-¾	
	"	23	Long, Mary	42..15.. 5-¼	
	Mar	30	Latham, Henry	70..— —	15..11.. 1-¼
1786	May	10	Lochman, John	299..—.. 7-¼	
1783	Dec	16	Mason, William	109.. 4..—	
	Nov	21	McLean, John & wife	666.. 9..11	103..12.. 3
1784	June	7	Olyphant, David	2,556..11.. 1-½	292..12..—
1783	Nov	7	Poyas, Ernest John, Jun'r	412..10.. 8	(12.. 1.. 1-¼
					(93..10..10-¾
	July	12	Ramsay, Hall Joseph	315..17.. 1	29.. 5.. 8-¾
	June	20	Stevens, Smith William	562.. 5.. 1	98..10.. 5-¼
	July	10	Smith, Daniel	58.. 6.. 8	
	"		ditto do	192..19.. 4	
1785	Apl	4	Tucker, Tudor Thomas Entry Book No. 1, page 40	826..18.. 8	126..13.. 0-¼
1784	Sep.	16	Springer, Margaret 23..12..4		

```
                22 Amot'g to ............... £ 10,508.. 6..10      £1,257.. 2.. 9-½
                 1 more                          23..12.. 4

             Total 23 Amot'g to ............... £ 10,531..19.. 2
                    Rd Rob't Smith £ 54..12 /No. 3
Entry
Book No. 1 page 22       do        572..12
```

Amo. of Certificates granted to the Officers of the Army
Bro't down £78,941.. 6.. 9-¼

Deduct J. Vanderhorsts
overcharge as above   69.. 4.. 5-½   £78,872.. 2.. 3-¾

Hospital Accounts

1784	Sept. 29	Crawford Bellamy, Entry Book page 46			553..15.. 4
	"	Mercer R'd Est	ditto	47	1234.. 2..10

A LIST OF THE OFFICERS & MEN OF THE FRIGATE SOUTH CAROLINA, TO WHOM CERTIFICATES HAVE BEEN ISSUED.

Date			Name		Amount
1783	June	12	Aeane	S. B	£ 169..10..10
1784	Oct.	6	Bradford	William	3.. 4.. 6
	"		Baker	John	97..12.. 7½
	"		Briggs	Richard	124.. 6.. 8¼
1785	May	31	Beckford	John	79.. 4.. 3
1783	May	30	Carpenter	James	318.. 1..10
	June	10	Chilton	Thomas	30.. 6.. 8
	"	23	Coram	Robert	425..14.. 6
	Aug	16	Connell	James	149..18.. "
1784	July	7	Cripps	William	35..13.. 6
	Oct.	6	Croom	Richard	27.. 7..11¼
	Apr.	20	Dick	James	112.. 7.. 3
1785	May	28	DuCoin	Baptist Jean	49.. ".. 6
1783	May	29	Fitzgerald	Thomas	417..18..10
	June	10	Fallon	James	95..17.. 4
1784	Sept.	21	Forrester	Francis	26.. 7.. 9
	Oct.	6	Fisher	George	60..16.. 7½
1783	July	30	Grinnell	William	135.. 6.. 5
1784	Oct.	6	Gostage	Edward	40.. 7.. 4
1785	June	23	Graham	Richard	69..12.. 4
1783	May	31	Hughes	Greenberry	56..17.. 9
	June	2	Harvey	Michael	38.. 7.. 1
	May	31	Lunt	Richard	52..13.. 3
1784	July	1	Laurence	Henry	116.. 9..10½
1783	May	29	Marston	Nathaniel	453.. ".. "
	June	19	Mayrant	John	471.. 4.. 4
	July	1	Moore	Alexander	213.. 7.. 3
1784	Sept.	24	Morelli	Francisco	37.. 5.. 1
	Oct.	6	McGee	Paul	35..15.. 3¾
1783	May	31	Nixon	Alexander Hugh	169.. 3.. 5
1784	Jan'y	22	Pierce	Jeremiah	120.. 5.. 1½
	June	10	Pearce	Robert	59.. 6.. 4
	"	28	Perry	Samuel	202..12.. 3
	Sept.	21	Pitman	Samuel	30..19.. 6
	"	25	Power	William	20.. 9..11¾
1785	Feb'y	12	Pile	James	166.. 2..—
1783	Sep.	13	Romer	Christopher	96..10.. 1
1784	Oct.	6	Rodeswald	Frederick	8..18.. 6
	Oct.	26	Sprague	William	164.. 6.. 8
1783	May	30	Thompson	William	113..18.. 5
1784	Oct.	6	Tursdon	George	33.. 2.. 4½
1785	May	31	Tucker	Reuben	75.. 8..—
1783	May	29	White	Thomas	538.. 8.. 8
	May	31	Wall	Richard	48..16.. 3
	"		Wall	Gilbert	159..5.. 9
	June	17	Walter	Alleyne John	94.. 2.. 5

1784	July	15	Welsh	Thomas		21..14..7½	
	"	28	Wetherall	Job		53..7..—	
1785	Feb'y	11	Woodman	Benjamin		4..17..11	
				49	Amt'g to	£6,125..10..11	

				No.		
These are in Returns.		Henderson	Gus's	82 ⎫	52..9..4	
		Henderson	Jno.	82 ⎪	95..1..1	
		Nourse	Wm.	82 ⎬	39..12..1	
		Johnston	Ja.	82 ⎪	61..11..4	
		Joiner	Jno.	93	6,122..11..8	
		Aleuscke	Jno.	88	5..8..9	
		Kalteisen	Mich'l	96	623..8..—	7,000..2..3
		Treadwell	Sam'l	86	42..19..2	£13,125..13..2
		Hopes	John	61	114..6..9¼	
		Bartlett	Jonathan	111	72..6..1	
	247	Bartlett	Nicholas		97..19..2	
	248	Fowler	William		40..15..6	
	257	Egan	Jehu		29..16..7	

See Moyeux & Fontaine Entry Book No. 3. page 156.
Peter Langdon   ditto   No. 3.   "   184

A List of Men belonging to the Frigate South Carolina whose Acco'ts were sent to the Treasury per Resolve of the Legislature.

Date		Names	Indent	Amo't.
	Albert	Francis	No. 765 C	£ 34..16..7
	Roulain	William		
	Dematz	Peter	717 do	30..1..—
	Dennis	Francois	718 do	28..9..11
	Dumont	Dennis	719 do	18..5..8
	Molier	Lewis	711 do	33..12..5
	Mossina	Antonia		
	Parcour	Anthony		
	Pickqui	Ambrose	716 do	35..3..6
	Raveleni	Nicholas	713 do	31..3..—
	Surplie	Rene		
	Saullier	Joseph		
	Tetardo	Baptist John		
	Tomas	Alexander	714 do	37..1..9

No 712 Book C for these six an Indent was issued to Jno. B. Petrie for £139..0..10 St'g.

                   248..13..10
                   139..0..10
                   387..14..8

"16 other persons that have Demands for their wages on board said Frigate, and for whom Jas. Johns Esq. or Rob't Cosam was agent or Att'y, no claims have been rendered to this Office.

OFFICERS OF THE ARMY WHOSE ACCO'TS ARE INCLUDED IN RETURNS &ca.

		Returns	
	Edmunds, David, Est.	No. 69	£ 94..12.. 2-¼
	Hodges, Benj'n, Est.	"	94..19..---¾
	Jones, Richard, Est.	"	231.. 5..
	Jackson, William	89	714.. 9..11
	Maskall, Thomas, Est.	69	116.. 1.. 9
	Motte, Charles, Est.	"	295.. 3.. 4-¼
	Motte, Isaac	87	262.. 6.. 7
	Treville, De B. John	65	1,039.. 6..10
pr. Reso'l,)			
Gen. Ass'y)	Villepontoux, Benjamin	in No. 207 }	423.. 4.. 5
)		Book R)	
	Warley, Paul	Return 95	211..--..
	Lloyd, Benjamin	Entry Book pa. 188	455.. 8..---¾

OFFICERS WHO HAVE BEEN ALLOWED COMMUTATION

Entry Book Page		Return	
	Hennington, John	No. 101	£ 520..18.. 1 blce.
	Horry, Peter	111	840.. ..
160......	Lochman, Charles		700.. ..
	Lochman, John	116	700.. ..
	Milling, Hugh	87	560.. ..
	Martin, D. L.	84	500.. 5.. 4 blce.
	Martin, D. L.	84	500.. 5.. 4 blce.
	Parsons, William	86	537.. 3.. 1 blce.
	Poyas, E. John, Jr.	82	700.. ..
	Ramsay, H. J.	82	700.. ..
	Stevens, S Wm.	82	700.. ..
	Taylor, Samuel	111	700.. ..
	Vanderhorst, John	78	630..15.. 6½ blce.
	Warren, Samuel	95	495.. 1.. 5-¾ blce.
185......	Carne, John		700
186......	Springer, Silvester		700.. ..
			9,684.. 3.. 6¼

(Ann[l] Int. @ 7 pr. ct. is £ 677..17..10)

www.ingramcontent.com/pod-product-compliance
Lightning Source LLC
Chambersburg PA
CBHW070009010526
44117CB00011B/1476